Theo Sommer

Blick zurück in die Zukunft

Theo Sommer
Blick zurück in die Zukunft

Betrachtungen zur Zeit
1973–1983

Deutsche Verlags-Anstalt
Stuttgart

CIP-Kurztitelaufnahme der Deutschen Bibliothek

Sommer, Theo:
Blick zurück in die Zukunft:
Betrachtungen zur Zeit 1973–1983 / Theo Sommer. –
Stuttgart: Deutsche Verlags-Anstalt, 1984
ISBN 3-421-06203-X

Verantwortlicher Lektor: Ursula Locke-Groß
Typographische Gestaltung: Marion Winter
Gesamtherstellung: Wagner GmbH, Nördlingen
Printed in Germany

Für meine Söhne

Inhalt

Vorwort

In diesem Bändchen sind elf Leitartikel versammelt, die ich als Chefredakteur der ZEIT zwischen 1973 und 1983 jeweils zum Jahreswechsel geschrieben habe. Anders als die üblichen Leitartikel beschäftigen sie sich nicht mit dem beherrschenden Ereignis einer Woche. Zwischen Weihnachten und Neujahr geschieht selten viel in der Welt. Dies allein zwingt den Leitartikler, aus der platten Aktualität auszubrechen und zu versuchen, was wir Menschen ja auch privat zwischen den Jahren zu tun pflegen: Bilanz zu ziehen, sich der eigenen Perspektiven zu vergewissern, Fluchtpunkte in der Zukunft anzuvisieren.

Hinzu kommt, daß sich im Laufe von zwölf Monaten manches an Einsichten und Aussichten in einem aufstaut, das in den üblichen Wochenkommentaren keinen Platz findet: Gelesenes und Gedachtes, Erwogenes und Erspürtes. In meinen Neujahrsbetrachtungen habe ich versucht, es auf den Begriff zu bringen, und über die Grenzen des Aktuellen hinaus ins Reich des Maßstäblichen vorzustoßen – immer als Journalist freilich, gehetzt von Terminen und bedrängt vom Redaktionsschluß.

Wenn ich die Betrachtungen aus elf Jahren dennoch jetzt zwischen zwei Buchdeckeln vorlege, so deswegen, weil mir scheint, daß sie auf ganz unbeabsichtigte Weise die dominierenden Themen eines Jahrzehnts der Umbrüche widerspiegeln und den Grundraster der Entwicklung sichtbar machen, der in den Wirbeln der täglichen und wöchentlichen Nachrichtenschwemme nur selten erkennbar wird. Im Abstand der Jahre addieren sich die Aufsätze zu einer Signatur unserer Zeit.

Hamburg, im Juni 1984 Th. S.

Einleitung: Die Bruchzone der Gegenwart

Beständig ist nur der Wandel – selten hat sich dieser alte Satz so eindeutig bestätigt wie in den Dutzend Jahren zwischen 1972 und 1984. In dieser Spanne veränderte sich die Welt von Grund auf. Dabei spiegelte sich die Wandlung weniger im politischen Atlas der Erde wider als vielmehr in der Stimmung der Völker, ihrer inneren Befindlichkeit, ihrer Zukunftseinschätzung.

Den siebziger Jahren wollte niemand eine Träne nachweinen; sie galten als »Bergab-Dekade«, als »Jahrzehnt der Untergänge«, als »ruhmloses Dezennium«. In der Tat waren die Siebziger eine schwierige Epoche: ein Jahrzehnt weltpolitischer und vielfach auch innenpolitischer Verwerfungen, tiefgreifender wirtschaftlicher Umbrüche und psychotischer Stimmungsumschwünge. Ein historischer Themenwechsel signalisierte in der Bruchzone der Gegenwart fundamentale Verschiebungen der Konfliktachsen und der Problemstellungen: vom Ost-West-Gegensatz zum Nord-Süd-Gegensatz, von der klassischen Außenpolitik zur internationalen Wirtschaftsdiplomatie, von der Konfrontation über Grenzen zur Konfrontation über Rohstoffe. Die Ölkrisen von 1973/74 und 1978/80 führten der Welt eindringlich die Macht der Produzenten vor Augen; die Furcht vor aktuellem oder potentiellem Mangel verdrängte die vorangegangene Erwartung des Überflusses; Währungserschütterungen, Inflation, Arbeitslosigkeit und Rezession setzten ganz neue Sorgenschwerpunkte. Die himmelhochjauchzende Euphorie wich bald lärmendem, lähmendem Pessimismus. Selbstbewußtsein schlug um in Selbstzweifel, die Verpflichtung auf Gemeinschaft in den Hang zur Vereinzelung, Zukunftsvertrauen in Zukunftsangst. Im Rückblick erscheinen die siebziger Jahre als das Jahrzehnt, in dem die Träume welkten und die Hoffnungen zerrannen – das Jahrzehnt, in dem die Zukunft scheiterte. Erst als ein Drittel der Achtziger schon vorüber war, brach neuer Optimismus sich Bahn. Mit den ökonomischen Indikatoren besserte sich auch die Stimmung. Doch das Vertrauen blieb schütter, Jubel wollte nirgendwo aufkommen. Der Aufschwung war nicht zu leugnen, aber allzu viele Menschen auf dem Globus verspürten nichts von seiner Wirkung: nicht die Fußkranken in den Industriegesellschaften, erst recht nicht die Geplagten, Beladenen und Vergessenen im Armutsgürtel der Erde.

Zunächst einmal gab es eine Phase des Aufräumens, in der die Trümmer aus den vorangegangenen Epochen beseitigt wurden. Der Vollzug längst unabwendbar gewordener Kurskorrekturen füllte die ersten Jahre aus. Die Vereinigten Staaten lösten sich aus der Verstrickung des Vietnamkrieges; Washington und Moskau verhandelten über die Begrenzung ihrer strategischen Raketenrüstung; die Bundesrepublik Deutschland stellte unter der sozialliberalen Regierungskoalition ihr Verhältnis zu den kommunistischen Staaten Osteuropas auf eine realistische Basis. Entspannung war die Losung der Epoche. Im Laufe

der Zeit erwies sich freilich, wie brüchig die Lösungen, wie gefährdet der Friede nach allen Regelungen und Bereinigungen noch immer blieben.
Dies galt zumal für Vietnam, dem überragenden Thema der Sechziger. Ehe Henry Kissinger und Lê Duc Tho Anfang 1973 in Paris den Friedensvertrag unterzeichneten, wurden Laos und vor allem Kambodscha in die Kriegszone der Verwüstung einbezogen: Bomben, Napalm und Entlaubungschemikalien regneten auf Indochina nieder. Danach aber mündete die Vietnamisierung des Konflikts binnen zwei Jahren in den totalen Triumph des kommunistischen Nordens. Hanoi machte sich ungeniert daran, mit Waffengewalt Ho Chi Minhs alten Traum einer indochinesischen Föderation zu verwirklichen; erst in Laos, später in Kambodscha, wo es seinen Eroberungsfeldzug mit der humanitären Absicht bemänteln konnte, dem brutalen Steinzeit-Kommunismus Pol Pots, der Millionen Kambodschaner hatte umbringen lassen, ein Ende zu setzen. Moskau stellte sich dabei hinter Hanoi, das Hunderttausende von Vietnam-Chinesen außer Landes trieb; China, das 1979 in einem »Erziehungsfeldzug« über die Nordprovinzen Vietnams herfiel, widersetzte sich dem regionalen Vorherrschaftsanspruch des südlichen Nachbarn und unterstützte dessen Gegner. Zu Beginn der achtziger Jahre war Indochina weder friedlicher noch glücklicher. Keine der Hoffnungen, die auf Amerikas Rückzug gesetzt worden waren, hatte sich erfüllt.
Ähnliches läßt sich auch von jenen amerikanisch-sowjetischen Rüstungskontrollgesprächen sagen, zu denen sich die Sowjets unter dem Schock der Gefechte bereitfanden, die ihnen die Chinesen im März 1969 am Ussuri lieferten. Die Verhandlungen weckten allenthalben Hoffnung, daß das aberwitzige atomare Wettrüsten gezügelt, vielleicht

sogar der Anfang einer wirklichen Abrüstung gemacht werden könnte. Das SALT-I-Abkommen des Jahres 1972 gab diesen Hoffnungen Nahrung, erfüllte sie jedoch nicht. Von Abrüstung konnte keine Rede sein, nicht einmal von einem Einfrieren der Arsenale. Die Obergrenzen wurden so hoch angesetzt, daß das Abkommen zunächst bloß die weitere Aufrüstung legitimierte und in neue Dimensionen trieb. Das Wettrüsten verlagerte sich lediglich von der quantitativen auf die qualitative Ebene. SALT II, nach sieben Jahren im Juni 1979 endlich in Wien unterschrieben, hätte daran auch nichts geändert. Zuletzt blieb der Vertrag ohnehin in den Fallstricken der amerikanischen Innenpolitik hängen. Der Einmarsch der Sowjets in Afghanistan zum Abschluß der siebziger Jahre machte dann auch die letzte schmale Chance einer baldigen Ratifizierung zunichte. Und als Ronald Reagan 1981 ins Weiße Haus einzog, ein eingefleischter Entspannungsskeptiker, der Aufrüstung über Abrüstung und Rüstungskontrolle setzte, verdüsterten sich auch die Aussichten für einen Neuanfang. Er ließ sich nach langem Zögern zu neuen Verhandlungen herbei, aber sie führten zu nichts. Die INF-Gespräche, die eigentlich die amerikanische Raketenrüstung in Europa hätten überflüssig machen sollen, wurden bloß halbherzig vorangetrieben; die Sowjets brachen sie ab, als die Aufstellung der Pershing II und der Cruise Missiles begann. Auch die START-Verhandlungen – wie Reagan nun die SALT-Runde nannte – gerieten Ende 1983 ins Stocken. Zugleich krebsten in Wien die MBFR-Verhandlungen, bei denen es um die Reduzierung der konventionellen Truppen in Europa ging, ergebnislos vor sich hin. Allenthalben wuchsen die Rüstungsetats.

Kein Wunder, daß Widerstand sich regte. Aus dem Kopfschütteln über so viel Verblendung und Verschwendung entstanden überall im Westen Friedensbewegungen und alternative strategische Konzepte. Der Zweifel, ob die atomare Abschreckung von den Völkern noch lange als Fundament ihrer Überlebensstrategie akzeptiert würde, fraß sich bis tief ins konservative Lager hinein.

Die Entspannung in Europa aber? Sie schlug sich nieder in einem Netz von Verträgen der Bundesrepublik Deutschland mit den Staaten Osteuropas, die sich zwar nicht in der strikten juristischen Auslegung, wohl aber in ihrer praktischen Wirkung zu einem Quasi-Friedensvertrag summierten: mit Moskau und Warschau 1970; mit Prag, Budapest, Sofia 1973; dazu kamen der Grundlagenvertrag mit der DDR vom Dezember 1972 und das Viermächte-Abkommen über Berlin vom September 1971. Dieses Vertragswerk beendete das Sonderverhältnis im Konflikt, in dem die Bundesrepublik von ihrer Gründung an mit dem kommunistischen Osteuropa gelebt hatte, und begründete ein Normalverhältnis in der international üblichen Mischung von Gegeneinander, Nebeneinander und Miteinander. Unter dem Signum der Entspannung setzten die Ostverträge – 1975 in Helsinki besiegelt durch die 35 Teilnehmer der Konferenz über Sicherheit und Zusammenarbeit in Europa – einen Schlußpunkt zugleich hinter den Zweiten Weltkrieg und den Kalten Krieg alten Stils. Bonn akzeptierte und respektierte damit die europäische Wirklichkeit einschließlich der deutschen Teilung, der Oder-Neiße-Grenze, der tschechoslowakischen Staatsintegrität. Der Osten anerkannte dafür jene Realitäten, die der Bundesrepublik wesentlich sind: die weitere Zuordnung West-Berlins zum Bund ohne Beeinträchtigung der Viermächteverantwortung, dazu eine verbesserte Zugangsregelung; keine Ächtung des Strebens nach Wiedervereinigung; Erleichterungen für die Menschen im gespaltenen Deutschland. Wo die Teilung schon nicht überwindbar war, sollte sie wenigstens verwindbar werden. Heute mögen auch die Gegner dieser Politik ihre praktischen Erfolge nicht mehr bestreiten; die Regierung Kohl hat sie jedenfalls nach der Bonner Wende vom Oktober 1982 unverändert fortgeführt, und ihr schärfster Kritiker von ehedem, Franz Josef Strauß, wurde geradezu zum Vorreiter. Die Ostpolitik hat Bonns Verhältnis zu Osteuropa verbessert, die menschlichen Kontakte auf die vielfältigste Weise erleichtert, den Handelsaustausch vervielfacht, das Problem Berlin entschärft. Freilich war es immer schon klar, daß Entspannung nur eine Begrenzung des Ost-West-Konfliktes bewirken kann, nicht sein völliges Verschwinden. Ebenso war es von Anfang an deutlich, daß drei Faktoren sich negativ auf die Entspannung in Europa auswirken könnten: die unverminderte Aufrüstung im Ostblock; die Weiterführung des ideologischen Kampfes gegen den Westen; schließlich die Fortdauer scharfer Rivalitäten außerhalb Europas. Das Fazit in dieser dreifachen Hinsicht war am Ende des Jahrzehnts betrüblich. Die sowjetische Rüstung wuchs stetig weiter (wenngleich, wie die CIA mittlerweile zugeben mußte, nur halb so schnell, wie ursprünglich angenommen). Der Osten betrieb weiter Abgrenzung und ideologischen Klassenkampf.

Eine Erweiterung der Entspannung auf außereuropäische Bereiche erschien unrealistischer denn je, als die Sowjets Afghanistan in einen neuen Satelliten verwandelten und auch überall sonst auf der Welt jede Gelegenheit wahrnahmen, um sich einseitige Vorteile zu verschaffen; zumal in Angola, Mozambique und am Horn von Afrika. Wie immer fragwürdig diese Positionsgewinne sein mochten, sie bedrohten die Interessen des Westens. Das Vorhaben, periphere Spannungen nicht die Entspannung in Europa beeinträchtigen zu lassen, komplizierte sich in dem Maße, in dem die fernen Krisenherde der Lebenslinie der demokratischen Industrienationen näherrücken: den Ölrouten im Persisch-Arabischen Golf. Im übrigen ist die Hoffnung, die »Einbindung« Osteuropas in das Weltsystem werde in den kommunistischen Staaten Lockerung, Liberalisierung, wenigstens Ansätze zu einem Geist des Laissez-faire fördern, durch die Wirklichkeit noch nicht gerechtfertigt worden. Im Gegenteil wurde überall verstärkt auf Wachsamkeit geschaltet, wurden Dissidenten unterdrückt, freiheitliche Regungen selbst marxistischer Färbung niedergeschlagen; Polen lieferte das eklatanteste Beispiel.

Weltweit blieb der Frieden prekär. Im Oktober 1973 traten Ägypten und Syrien zum vierten Sturmangriff auf Israel an; drei Wochen darauf standen israelische Truppen westlich des Suezkanals. In der Niederlage der Araber steckte freilich der Keim des Friedens. Damals schwor sich Ägyptens Staatspräsident Sadat: Nie wieder Krieg. Vier Jahre später sagte er sich in Jerusalem zu Besuch an, 1979 unterzeichnete er zusammen mit Israels Ministerpräsident Menachem Begin einen Friedensvertrag – nach dreißig Jahren Unfrieden. Es wurde ein schwieriger Frieden, und es blieb ein Teilfrieden, den alle anderen arabischen Staaten ablehnten. Israels Siedlungspolitik im Westjordanland machte es auch vernünftigen Staatschefs wie dem König Hussein unmöglich, sich in den Friedensprozeß einzufädeln; Begins fatale Expedition in den Libanon schaffte 1982/83 zusätzliche Komplikationen. Der irakisch-iranische Krieg, der 1981 ausbrach, führte einen weiteren Risikofaktor in die nahöstliche Gleichung ein. Schicksalhafte Bedeutung erlangte der Vordere Orient auch aus einem ganz anderen Grunde. Die eigentliche Oktoberrevolution unseres Jahrhunderts fand 1973 statt. Ihr Beginn ist exakt zu datieren – auf den 17. Oktober 1973. An diesem historischen Tag beschlossen die in Kuwait versammelten Vertreter der OPEC, den Erdölpreis von 2,59 US-Dollar auf 5,12 US-Dollar pro Faß zu erhöhen. Es war der erste Schritt zur Vervierfachung des Ölpreises binnen eines Vierteljahres, einer Verzwölffachung bis zum Ende des Jahrzehnts (OPEC-Listenpreis Ende 1983: 29 US-Dollar). Zugleich wurde damit zum erstenmal die Verfügungsgewalt über Rohstoffe zur Quelle der Macht: Die Erdölproduzenten setzten die Ölwaffe ein, um die Haltung des Westens gegenüber Israel zu beeinflussen. Ein Dreivierteljahr lang verhängten sie über mehrere Staaten eine Liefersperre. Es war dies die Zeit, da die Westdeutschen (und viele andere Europäer) ihre Autos an den Wochenenden in der Garage stehen ließen. Auch als sie sich wieder unreglementiert und ungehemmt ans Steuer setzen konnten, war ihnen klar, daß die Welt nie wieder so sein würde wie vor dem Oktober 1973. Eine Epoche war zu Ende gegangen, in der billige Energie stets im Überfluß vorhanden war. Es begann eine neue Ära – wenn nicht des Mangels, so doch des sorgsameren Umgangs mit den Schätzen der Natur, des Sparens. Wenn die OPEC-Staaten heute nicht mehr so eindeutig am längeren Hebel zu sitzen scheinen, so liegt dies vor allem an den Konservierungsmaßnahmen, die überall den Bedarf einschränkten. Allerdings wurde die Abhängigkeit vom Erdöl nur gemindert, keineswegs ganz aufgehoben – die Angst vor einer Sperrung der Straße von Hormuz hat berechtigte Gründe.

Nach 1973 endete der längste Boom der Nachkriegsgeschichte. Er war bereits am Nachlassen, die Inflation – verursacht von Amerikas Vietnamkrieg – schon im Ansteigen begriffen, als die Ölländer zuschlugen. Arbeitslosigkeit griff um sich (in der Bundesrepublik erreichte sie 1975 über 1,2 Millionen; in der OECD, der Wirtschaftsorganisation der zwanzig führenden nichtkommunistischen Industriestaaten, gab es am Ende der Dekade 16 Millionen Arbeitslose). Die Inflationsrate kletterte in die Höhe – auf 27 Prozent in Großbritannien, über 10 Prozent in den meisten Ländern, 1974 auf 7,0 Prozent in der Bundesrepublik; im Durchschnitt sank der Geldwert im Laufe von zehn Jahren um die Hälfte. Die Handelsbilanzen einer immer größeren Zahl von Ländern gerieten ins Minus. Überall sanken die Wachstumsraten ab; nach den 12 oder 10 oder 7 Prozent der glorreichen Jahre galten 3 Prozent zuletzt schon als stolze Leistung. Zugleich wurde die Struktur der Weltfinanzen völlig umgekrempelt. Das alte Weltwährungssystem von Bretton Woods, angeschlagen schon 1971, als der Dollar vom Gold abgekoppelt wurde, ging nun völlig in die Brüche. In den Jahren 1978/79 gab es noch einmal eine Ölkrise – eine Preiskrise freilich, keine Mengenkrise. Sie stürzte die westlichen Industriestaaten neuerlich in eine Rezession, die mehrere Jahre andauerte; erst 1983 setzte zaghaft eine Erholung ein. Die Zahl der Arbeitslosen in den OECD-Ländern stieg freilich auf 34 Millionen. Überall verschärfte sich der Verteilungskampf, kühlte sich das soziale Klima ab.
Am schlimmsten traf all dies die Entwicklungsländer, und da besonders die Ärmsten der Armen, die nun plötzlich die »Vierte Welt« hießen, im Unterschied zu den Erdöl-Neureichen der »Dritten Welt«. Die Siebziger waren zur zweiten Entwicklungsdekade proklamiert wor-

den – aber die OPEC-Staaten, die beiden Rezessionen und die quälend niedrigen Wachstumsraten danach ließen all den schönen Plänen nicht die geringste Chance der Verwirklichung. Die Ölländer wurden wohlhabend, wiewohl sie inzwischen begreifen mußten, daß auch ihre Fördertürme nicht in den Himmel wachsen. Einige wenige Aufsteiger – zumal die »vier kleinen Drachen« Hongkong, Süd-Korea, Singapur, Taiwan – hoben ab wie Wirtschaftswunderraketen. Viele Länder – Mexiko, Brasilien, Argentinien – erlebten eine trügerische Scheinblüte, einen Aufschwung, der mit gepumptem Geld finanziert war, das sie nun nicht zurückzahlen können. Über 600 Milliarden Dollar Schulden sind in der Dritten Welt aufgelaufen; da tickt eine Zeitbombe. Und jene 37 Länder mit dem niedrigsten Einkommen, in denen 61 Prozent der Weltbevölkerung leben, krebsten mühselig dahin. Zu Beginn der achtziger Jahre vegetierten nach den Angaben der Weltbank 800 Millionen Menschen in absoluter Armut – ein Fünftel der Menschheit. Allein 1979 starben 8 Millionen Kinder an Hunger oder Unterernährung. Wenn sich in den demokratischen Industriestaaten zuletzt das Gefühl verbreitete, das »Ende der Fahnenstange« sei erreicht – der größte Teil der Menschheit stand noch immer an ihrem Fuß.

Wen darf es wundernehmen, daß die politische Labilität im Krisengürtel der armen Länder am größten war, die Entzündlichkeit und Konfliktträchtigkeit dort am gefährlichsten? Daß dort so gut wie alle Kriege und Bürgerkriege stattfanden – Pakistan/Indien, Nigeria/Biafra, Tansania/Uganda, Indochina, Rhodesien-Zimbabwe, Iran/Irak, Libanon? Daß die meisten Staatsstreiche sich dort abspielten? Daß die schlimmsten Grausamkeiten in der Welt der jungen Staaten begangen wurden – in Idi

Amins Uganda, in Pol Pots Kambodscha, in Bokassas Zentralafrikanischem Kaiserreich?
Auch durfte es niemanden verwundern, wenn die Dritte Welt – über zwei Drittel der rund 160 Staaten der Weltgemeinschaft – schon früh versuchte, sich zu organisieren und den fortgeschrittenen Ländern nicht nur einen generösen Zuschuß zu ihrer Entwicklung, sondern eine grundlegende Reform des Weltwirtschaftssystems abzutrotzen. Die »Gruppe der 77«, 1968 gegründet, zählt inzwischen schon über 120 Mitglieder. Sie alle kennen nur ein Ziel: eine »Neue Weltwirtschaftsordnung« heraufzuführen. Dieses Ziel ist revolutionär: eine Umverteilung des Reichtums dieser Erde von den Satten zu den Hungernden, den Hochentwickelten zu den Unterentwickelten, aus dem Norden in den Süden. Sie haben es auf all den großen UN-Konferenzen des Jahrzehnts verfochten: über Umwelt, Bevölkerung, Ernährung, Rohstoffe, Technologie, Seerecht, Information. Sie verankerten es in der Wirtschaftscharta der UN, predigten es auf mehreren UN-Sonderversammlungen, rückten es in den Mittelpunkt aufeinanderfolgender UNCTAD-Treffen. Viele ihrer Forderungen waren maßlos übertrieben – überzogen angesichts der mangelnden Organisationskraft und Leistungsfähigkeit der meisten jungen Staaten, erst recht angesichts der Ölteuerung, der Rezession, der chronischen Wirtschaftsprobleme in den Industrieländern. Die Revolution blieb denn auch in Resolutionen stecken. Die Hochentwickelten machten den Unterentwickelten nur wenige Zugeständnisse. In letzter Zeit ist die Sprache zwar etwas milder, die fordernde Rabulistik eingestellt worden. Aber die Aufgabe, mit einer Weltsozialpolitik dem Weltklassenkampf zu wehren, ist bislang nicht gelöst.

Noch wurde die Schreckensvorstellung eines Krieges der Dritten Welt gegen die Erste Welt nicht Wirklichkeit. Die Revolution des Ajatollah Chomeini im Iran gab ihr 1979 allerdings ein Unterfutter aktueller Bedrohlichkeit. Widerwille gegen verwestlichende Modernisierung kennzeichnete sie, dazu Fremdenfeindlichkeit und eine finstere Entschlossenheit, die Freiheit der eigenen Entfaltung auch mit dem Bruch jener Regeln zu erkaufen, ohne deren Beachtung ein gesittetes Zusammenleben der Völker nicht denkbar ist. Beim Geiseldrama in der Teheraner US-Botschaft zeigte sich, was geschehen kann, wenn der Terror mit staatlicher Sanktion ausgeübt wird. Viele sahen in der iranischen Revolution den Vorläufer eines islamischen Fundamentalismus, ja Fanatismus, der allenthalben zwischen Dakar und Djakarta zu einer Abkehr vom Westen, ja einer Frontstellung gegen ihn führen könne. Wenn es einen Trost gab, so höchstens den, daß sich zur gleichen Zeit die Volksrepublik China nach dem Tode Mao Tse-tungs ebenso bestimmt den »Vier Modernisierungen« verschrieb, die sich insgesamt zu einer großen Öffnung, Industrialisierung, kurzum: Verwestlichung addierten.

Dreizehn Jahre SPD-Kanzler

In der Bundesrepublik Deutschland trugen die Jahre 1969-82 den Stempel der sozialliberalen Koalition, vor allem aber das Gepräge zweier sozialdemokratischer Kanzler: Willy Brandt und Helmut Schmidt.
Brandt hatte beherzt zugegriffen, als sich nach der Wahl des sechsten Deutschen Bundestages die Chance eines Machtwechsels eröffnete. Er trat mit einem ehrgeizigen Programm innerer Reformen an, aber seine eigentliche

historische Leistung bleibt doch die Ostpolitik. Dabei rüttelte er nicht an Bonns Verankerung im Westen; diese Determinante bundesdeutscher Politik übernahm er ohne Abstriche von Konrad Adenauer. Doch machte er Schluß mit dem inneren Widerspruch der Adenauerschen Politik – dem Widerspruch zwischen der wirklichen Politik, die doch auf die endgültige Etablierung der Bundesrepublik als Staat aus eigenem Recht hinauslief, und der offiziell gepredigten Politik, die eine Wiederherstellung des Deutschen Reiches von 1937 anstrebte, wie sie weder im Westen noch gegenüber dem Osten je durchsetzbar gewesen wäre. Brandts Ostpolitik ging von der »wirklich bestehenden Lage« aus und erkannte sie an, ohne daß irgendwelche fiktiven Rechtstitel dadurch geschmälert worden wären. Noch gab sie irgend etwas hinweg, das nicht längst verloren war.

Es ist eine Legende, daß längeres, geduldigeres Verhandeln ein besseres Ergebnis erbracht hätte. Der von Deutschland begonnene Zweite Weltkrieg ließ sich nicht nachträglich am Konferenztisch gewinnen. So oder so ähnlich mußte die vorläufig-endgültige Regelung ausfallen; was man in dem oder jenem Punkte vielleicht noch hätte herausholen können, hätte anderswo bezahlt werden müssen; und Berlin wurde ja auf alle Fälle als Krisenpunkt entschärft. Verschleppung hätte leicht die Gelegenheit zunichte machen können, nach der Einbettung der Bundesrepublik in den Westen endlich den Ausgleich mit dem Osten zu vollziehen. Brandt tat dies, zielsicher und entschlossen, und ging damit über Konrad Adenauer hinaus – auch über Gustav Stresemann, der sich zu einem Ost-Locarno nie hatte durchringen können. In das Kontinuitätsgeflecht westdeutscher Außenpolitik fügte er die zweite Determinante ein: das Streben nach Kontakt mit

Ostdeutschland und Osteuropa, nach Kooperation auch, wo immer die kommunistische Welt dazu bereit und fähig ist; bei gleichzeitiger Vorsorge allerdings, daß der fortdauernde Rückhalt am Westen uns instandsetzt, auch Konfrontationen durchzustehen, die uns der Kreml aufzwingen mag.

Es wirkt wie eine besondere Hinterlist der Geschichte, daß Willy Brandt nach viereinhalbjähriger Kanzlerschaft ausgerechnet über den Ostspion Günter Guillaume stürzte, den ihm die DDR-Führung in sein persönliches Büro gepflanzt hatte. Er trat zurück, ausgelaugt und zermürbt schon seit längerem, wohl auch seit der Bundestagswahl 1972 voller Unlust am Regieren. Sein Fall ließ einen Augenblick lang offenbar werden: Nicht die planende Berechnung schürzt die großen Entwicklungsknoten; es sind die Einbrüche des Unvorhergesehenen, der unberechenbare menschliche Faktor, die Imponderabilien und Intangibilien, die das Geschehen bestimmen.

Als Helmut Schmidt im Mai 1974 ins Palais Schaumburg einzog, war das Zeitalter der Architektonik vorüber. Die wesentlichen außenpolitischen Strukturen standen; die Einordnung der Bundesrepublik in die weltpolitischen Grundmuster war abgeschlossen. Indessen hatte die Ölkrise vom Herbst 1973 die Szenerie von Grund auf verändert. Sie warf mit der Vervierfachung des Erdölpreises binnen weniger Wochen – der ersten in einer langen Reihe von Preisexplosionen – schwierigste Probleme für die Volkswirtschaften der demokratischen Industriestaaten auf. Die Wirtschaftspolitik und die Weltwirtschaftspolitik rückten nun in den Vordergrund des Geschehens. Helmut Schmidt war da der Mann der Stunde. Achteinhalb Jahre lang – dreimal länger als Erhard oder Kiesinger, doppelt so lang wie Brandt, fünf Jahre kürzer nur als Konrad

Adenauer – regierte er in Bonn. Und er, der eigentlich Architekt hatte werden wollen, mußte nun allen Baumeister-Ehrgeiz beiseiteschieben und sich ganz aufs Bewahren, Zusammenhalten, Stützen und Stabilisieren werfen. »Konzentration und Kontinuität« war seine erste Regierungserklärung überschrieben, »Das Erreichte sichern« die zweite. In einer Zeit weltweit wachsender Probleme wollte er sich in Realismus und Nüchternheit auf das Wesentliche beschränken.

Das galt zunächst für die Außenpolitik: Indem Schmidt das Werk von Konrad Adenauer und Willy Brandt fortsetzte, umsetzte in Praxis und Alltag, einsetzte für die Lebenszwecke der Bundesrepublik, etablierte er recht eigentlich erst eine bundesrepublikanische Staatsraison und eine fortwirkende Tradition Bonner Regierungshandelns. Was bis dahin parteipolitisch umstritten war, verschmolz unter ihm zu einer erkennbaren und handhabbaren Einheit: Westpolitik und Ostpolitik, Bündnistreue und Nachbarschaftspflege, Verteidigungswille und Abrüstungsgeneigtheit.

Es galt auch auf dem Felde der Inneren Sicherheit. Die Jahre des Terrorismus, die in der Ermordung des Arbeitgeberpräsidenten Hanns Martin Schleyer und der Entführung einer Lufthansa-Maschine nach Mogadischu gipfelten, stand Helmut Schmidt mit gelassener Entschlossenheit durch. Auch die brutalsten Anschläge, Straßenschlachten, Bombenkomplotte konnten ihn nicht dazu hinreißen, die Freiheitlichkeit unseres Staatswesens abzubauen. Er wußte sich mit den Bürgern darin einig, daß der Terror gebrochen werden mußte; aber er widerstand der Versuchung, aus der notwendigen Abwehr der Gefahr einen Freibrief herzuleiten für die Einschränkung der bürgerlichen Grundrechte.

Am schwierigsten war die Bewahrung des Erreichten in der Wirtschaftspolitik. Zwei Weltwirtschaftskrisen schlugen während Schmidts Kanzlerschaft voll auf die Bundesrepublik durch. Die Zahl der Arbeitslosen kletterte in seiner Regierungszeit über die Zwei-Millionen-Grenze; die Staatsverschuldung stieg von Jahr zu Jahr; die Wachstumsraten fielen ins Minus; selbst die Leistungsbilanz rutschte ins Negative. Da mußte der Rotstift zum Szepter, der Haushaltsplan zum Schicksalsbuch der Nation werden. Helmut Schmidt unternahm auch immer wieder mannhafte Anläufe zur Remedur. Aber in der eigenen Partei bröckelte die Unterstützung für ihn ab, und am Ende fehlte die Geschlossenheit der Koalition. Nach dreizehneinhalb Jahren war die Zeit abermals reif für einen Machtwechsel. Am 1. Oktober 1982 wurde Helmut Kohl der sechste Bundeskanzler der Republik.

Von der Emanzipation zur Tendenzwende

Den Menschen ging es nicht schlecht in den zurückliegenden zwölf Jahren, jedenfalls nicht in unseren Breiten. Sie erlebten den Siegeszug des Farbfernsehens, immer raffinierterer Stereo-Techniken, der Scheck- und Kreditkarte, des Taschenrechners, der Quarzuhr und des Heimcomputers. Ihr Realeinkommen stieg (+ 33 Prozent in zehn Jahren) trotz aller Teuerung. Die Sozialleistungen wurden verbessert (+ 200 Prozent). Der Urlaub des durchschnittlichen Arbeitnehmers verlängerte sich von 21 auf 27 Tage im Jahr. McDonald – auch ein Zeichen der Zeit – verkaufte in den siebziger Jahren 25 Milliarden Hamburger-Buletten. Zuletzt machten rund 26 Millionen Westdeutsche Ferien, 15 Millionen davon im Ausland. Dennoch waren die Menschen nicht glücklich: Zu viele ihrer Träume zerstoben im rauhen Alltag. Sie stießen an Grenzen, wohin sie sich auch wandten – oder bildeten es sich wenigstens ein.

Das Jahrzehnt begann mit beispiellosem Elan. Die Reformer traten an, um die Welt nach ihren Vorstellungen umzugestalten. Die Jugend, befeuert noch vom Geist der Barrikaden von 1968, sah ihr Zeitalter anbrechen (»Traue niemand über dreißig!«). Der technischen Innovation schienen keine Schranken gesetzt. »Emanzipation« und »Partizipation« war allen Panieren eingestickt. Die Gruppe, das Kollektiv, die Gemeinschaft hatten Vorrang. Ein Aufbruch der Hoffnung stand am Beginn. Zehn Jahre später war nur noch wenig davon übrig.

Vieles wurde reformiert, gewiß: Verwaltungsstrukturen, das Bildungssystem, das Scheidungsrecht, der Abtreibungsparagraph, anderes mehr. Aber wie immer hielten die Entwürfe der Planer der Wirklichkeit nicht stand. Anfang der siebziger Jahre wurde die Geschichte aus den Lehrplänen herausreformiert – als zehn Jahre später »Holocaust« die Nation erschütterte, wunderten sich die Reformer, daß die Jugend von der Vergangenheit keine Ahnung mehr hatte. Die Verwaltungsvereinfachung wirkte sich in Bürgerferne aus, die Scheidungsreform erschwerte Familientrennung, anstatt sie zu erleichtern; die bedingte Freigabe des Schwangerschaftsabbruchs hakte sich am Widerspruch des Bundesverfassungsgerichts und an den unteren Stellen fest; die staatliche Daseinsvorsorge wurde – siehe das Rentendebakel 1976 – unerschwinglich. Die Reformer mußten die Reformen reformieren. Ihre Widersacher traten im Zeichen der »Tendenzwende« zur Gegenreformation an; »neokonservativ« wurde chic; die Tendenzwende ging der politischen Wende voraus, die sich lange ankündigte, ehe sie tatsächlich vollzogen wurde.

Die Jugend von 1968 aber wurde müde: Sie trat den langen Marsch durch die Institutionen und durch das Leben an – einen Marsch aus der Auflehnung in die Anpassung. Einige stürzten sich in den Terrorismus, allen voran Ulrike Meinhof und Andreas Baader, und schossen sich durch den Friedhof ihrer Hoffnungen, bis zum bitteren Ende. Andere suchten Halt im orthodoxen oder sektiererischen Kommunismus. Als das ökologische Krisenbewußtsein gegen Ende des Jahrzehnts einer neuen Umweltschutzbewegung ins Leben verhalf, schlugen viele Jugendliche sich zu ihr, aber sie blieben dort nicht unter sich: »Grün« hieß nicht unbedingt jung. Manche »Aussteiger« flüchteten sich in lebensreformerische Oasen; wo sie der Gesellschaft ihr Alternativmuster nicht aufzuzwingen vermochten, wollten sie wenigstens selber alternativ leben.

Ihr Unbehagen teilten viele der Angepaßten, die sich selber zum »Aussteigen« niemals entschließen würden. Ein ansteckender Kulturpessimismus bestimmte die Epoche; »Angst« wurde zu einem Schlüsselwort. Der *Club of Rome* hatte schon 1972 mit seiner Untersuchung »Grenzen des Wachstums« das Stichwort geliefert; jetzt wurde es zum Inbegriff eines neuen, auf Moll gestimmten Lebensgefühls. Ratlos, ja verängstigt standen die Kinder des Prometheus vor der Entwicklung der Naturwissenschaften, deren Fluch mit einem Mal deutlicher in Erscheinung trat als ihre Segnungen: Atomkraft, Chemie, Gentechnik beschworen ebenso viele Horrorvorstellungen herauf wie Hoffnungsbilder. Seveso, Harrisburg, Amoco Cadiz, Stoltzenberg – die Skandale und Katastrophen, die sich mit diesen Namen verknüpfen, ließen die Verheißung der

modernen Technik in Bedrohlichkeit umschlagen. Zugleich schien sie ja – mit Datenverbund, Abhörvorrichtungen, Überwachungsgeräten – den Staat des »Großen Bruders« und des »gläsernen Bürgers« immer näher zu rücken. Und die Debatte über die Nachrüstung in Europa weckte nicht nur die Sorge um den Frieden, sie löste zugleich tiefe Zweifel an der Theorie und Praxis der atomaren Abschreckung aus.
Auch der himmelstürmende, politisch motivierte und auf politischen Wandel drängende Geist der frühen Jahre überlebte nicht lange. Überall führte der Weg der siebziger Jahre von der Rebellion in die Resignation. Das Theater, anfangs agitierend, Veränderung bewirken wollend auf Straßen und Plätzen, zog sich wieder hinter die Samtvorhänge einer neuen Innerlichkeit zurück, die Literatur entdeckte abermals die Sinnlichkeit der inneren Welt. An den Universitäten brach aufs neue das Privatsein aus. Der Polit-Rock verkam zum sinnleeren Gewimmer und zum sinnlosen Gestammel der Neuen Deutschen Welle. Gemeinschaftserlebnisse wie die Superfeier von Woodstock verkümmerten zur quälenden Vereinzelung der lichtumzuckten Disco-Tänzer. Wo Gruppentherapie am Anfang Trumpf war, wurde bald die Peep-Show – »Einmanngruppe der Selbsterfahrung«, wie sie genannt worden ist – zum Symbol der neuen Trostlosigkeit. Der Rückzug aufs eigene Selbst gab den Siebzigern in Amerika ihren Namen: *the Me-Decade.* Eine »Kultur des Narzißmus«, der Verliebtheit ins eigene Wesen, den eigenen Leib, die eigene Problematik, griff Platz – teils Subkultur, teils Subventionskultur.
Zur Signatur des Zeitalters gehört auch eine neue existentielle Ungewißheit. Die ungeheure Beschleunigung des Wandels, die Tatsache, daß er sich nicht mehr schub-

weise vollzieht, sondern ständig, hat einen tiefen Gewißheitsverlust bewirkt. »Heute ist eine Generation eine ganze Epoche. Der Großvater glaubt, der Vater zweifelt, der Sohn verneint« (Annie Kriegel). Deswegen das Wiederaufleben der Diskussion um Grundwerte, Normen, Sinnstiftung; deswegen bei vielen die Flucht in neue Abhängigkeiten – von Sektengründern, Drogen, Kleingruppenbindung; deswegen auch die aufs neue stärker gewordene Anziehungskraft der alten Kirchen. Das Jahrzehnt, in dem die Euphorie erstarb, mündete in eine weitverbreitete Sehnsucht nach beruhigenden Gewißheiten und führte allenthalben in der westlichen Welt den Konservativen Oberwasser zu.

Das Jahrzwölft 1973–1984 lebte von hektischen Pendelschlägen – langes Haar, kurzes Haar; Minirock, knöchellange Kleider; neue Natürlichkeit, Punk-Kriegsbemalung; Nouvelle Cuisine, Neue Deftigkeit; Exzesse staatlicher Unmoral wie Watergate, Orgien der Selbstgerechtigkeit bei den eifernden Säuberern. Da es zu eigenem Maß und eigener Mitte nicht fand, lebte es von der Sehnsucht nach versunkenen Zeiten, in denen es hektisch herumwühlte, um vielleicht ein passendes Kleid, einen brauchbaren Stil, eine geziemende Note zu entdecken. Die Vokabeln, die Eingang in die Wörterbücher fanden, verraten nicht nur die Kuriositäten einer Ära, die sich ihrem Hang zum Hyperbolischen ergab und Lehrlinge zu »Azubis« degradierte, Arbeiter und Bürger jedoch zu »Mitarbeitern« und »Mitbürgern« emporstilisierte: Jogging, Windsurfen, Richtgeschwindigkeit, Geisterfahrer, Midlife crisis, Nostalgie; sie verraten auch ihre Nöte: Freipressen, Nullwachstum, Restrisiko, Mikroprozessoren, Retortenbaby, Wegwerfgesellschaft. Das Wort aber, das den Geist der Zeit am ehesten einfing, hieß: Frust.

Nicht, daß wir in einer Epoche des Unheils lebten. Wohl aber leben wir in einer Epoche der Verwerfungen – einem jener Zeitalter zwischen den Zeitaltern, wie Hermann Hesse sie in seinem »Steppenwolf« hellsichtig beschrieben hat: »Zum wirklichen Leiden, zur Hölle wird das menschliche Leben nur da, wo zwei Zeiten, zwei Kulturen und Religionen einander überschneiden ... wo eine ganze Generation so zwischen zwei Zeiten, zwischen zwei Lebensstile hineingerät, daß ihr jede Selbstverständlichkeit, jede Sitte, jede Geborgenheit und Unschuld verlorengeht.«

Zwischen Überschwang und Panikmache konnte sich die Menschheit zu Beginn der Achtziger nur einem nüchternen Heroismus anvertrauen, wie ihn der Theologe Jürgen Moltmann forderte: »Wir brauchen Hoffnung, die aus Erfahrung klug geworden ist, aber sich nicht selbst aufgibt. Wir brauchen eine Angst vor der Zukunft, die uns eine neue Selbsterfahrung lehrt, nicht aber uns entnervt. Nachdem manche sich voller Hoffnung in die Weltprobleme gestürzt hatten, weil sie mit sich selbst nicht fertig wurden, haben dann andere die Welt vergessen, um sich selbst zu finden. Beide Wege sind Sackgassen. Wir werden in Zukunft ohne Selbstverachtung die realen Weltprobleme angehen und ohne Weltschmerz Selbstsicherheit finden müssen.«

Die Suche nach der Mitte

Ende 1973

Der Mensch unterscheidet sich vom Tier vor allem durch eine Eigenschaft: Er macht sich Sorgen um seine Zukunft. Er versucht, Kommendes zu ergründen. Er will Zukunft vorausschauen, wenn es geht, vorausplanen.
In unserem Zeitalter der Computer ist Zukunftsforschung längst zur industriellen Unternehmung geworden. Verschiedene Elektronengehirne erfinden – jawohl: *erfinden* – verschiedene Zukünfte. Je nachdem, wer sie programmiert, kommt dabei die nackte Katastrophe heraus – oder das Goldene Zeitalter. Wo der *Club of Rome* die Apokalypse an die Wand malt, projiziert das *Hudson Institute* das Paradies auf Erden an den Horizont. Das entspricht guter Tradition: Immer haben die einen den bevorstehenden Weltuntergang prophezeit, immer die anderen den Zustand menschlicher und gesellschaftlicher Vollkommenheit. Und immer haben beide unrecht gehabt. Warum sollte es heute anders sein – bloß weil der Computer die Denkfehler des Menschen bis zur achten Dezimale nach dem Komma ausrechnet?
Das Jahr 1973 sollte uns Vorsicht lehren. Drei Lektionen hält es parat, die allesamt nicht neu sind, allesamt bieder, aber gleichwohl beherzigenswert.

Erstens: Die Zukunft ist nicht bloß Extrapolation heutiger Trends – eher das Gegenteil. Die Dinge gehen nie einfach so weiter, wie sie sind. Trends schlagen um. Jede lineare Projektion des Bestehenden mag die Gesetze der Mathematik für sich haben, doch sie widerspricht der menschlichen Natur. Das Pendel schwingt immer zurück.

Zweitens: Die wirklich schlimmen Krisen springen uns von hinten an. Mögen noch so viele Klarsichtige gewarnt haben – bis eine neue Erkenntnis in der Öffentlichkeit Platz greift, bis die Bürokratie sie aufnimmt, bis die Politiker sich Standarten daraus schneidern, vergeht meistens eine halbe Ewigkeit. Es liegt etwas Tragisches darin: Voraussagen, wo sie denn schon einmal richtig sind, werden nicht geglaubt. Hinterher haben es alle gewußt, aber dann ist es zu spät, und guter Rat ist auch unter den Propheten teuer.

Drittens: Der Mensch bleibt der alte Adam – ewig unruhig, aber auch ewig verängstigt durch Unruhe. Er steht ständig in der Versuchung jenes Maximalismus, der alles bis ins letzte programmatisch planen will, aber zugleich dauernd unter dem Zwang, sich zu bescheiden, Kompromisse zu schließen, dem Verplant-Werden zu widerstehen. Das setzt der Politik ihre immer wieder neue Aufgabe: nach der Mitte zu suchen, wenn alles lemminghaft zu den Rändern drängt.

An Beispielen für die erste These wimmelt es geradezu in der Geschichte des abgelaufenen Jahres. Man braucht nicht nach Skandinavien zu blicken, wo die sozialdemokratischen Mehrheiten am Überdruß der Wähler vergehen wie Schnee an der Sonne. Man braucht nicht einmal auf die Vereinigten Staaten zu deuten, wo der größte Wahlsieg der amerikanischen Geschichte kaum zwölf Monate älter ist als das Wrack der Präsidentschaft Nixon. Der Krug geht so lange zum Brunnen, bis er bricht, sagten unsere Großväter; auf jede *actio* folgt die *reactio*, sagen unsere modernen Gurus. Das zeigt sich auch in der Bundesrepublik.

Bei uns gab es tausenderlei Ängste, daß sich nun, da die Sozialdemokraten einmal ans Ruder gelangt sind, das Staatsschiff immer rettungsloser ins linke Fahrwasser verirren werde, angetrieben von einer öffentlichen Meinung, der am Ende nichts links genug sein könne. In Wahrheit ist das genaue Gegenteil eingetreten. Schon das Wahlergebnis vom 19. November 1972, das gute Abschneiden der FDP, hätte das Publikum eines besseren belehren müssen: Da war doch offenkundig der Abdrift nach links eine Bremse eingebaut worden. Und inzwischen haben sich die gegenhaltenden Kräfte allenthalben kräftig gerührt.

Konservative im Aufwind

Dabei ist das Interessanteste nicht einmal der Sympathieverlust, den die SPD verzeichnen mußte: Laut Allensbach ging sie von fast 46 Prozent binnen eines Jahres herunter auf 38 Prozent, im Dezember fiel sie sogar auf 35 Prozent ab. Interessanter ist, was sich anderwärts tut. An den Gymnasien, wo vor zwei Jahren ganze Abiturienten-Jahrgänge dem Spartakus angehörten, verspüren konservativ eingestellte Gruppen plötzlich wieder Aufwind. An den Universitäten beginnt die Stimmung gleichfalls umzuschlagen: Die Klassenkämpfer verlieren an Boden; gemäßigte Gruppen stellen sich den Marxisten entgegen; die Demokraten formieren sich gegenüber modischem

Revoluzzertum. Die Revision der hessischen Rahmenrichtlinien ist ein weiterer Beweis für den Umschlag der Tendenz. Im Bunde mit ihren zwölfjährigen Söhnen sagen die Väter ihren zwanzigjährigen Stammhaltern Widerstand an. Das Pendel schwingt zurück.

Die zweite Lehre des Jahres 1973 ist genauso eindeutig, genauso eindringlich: Große Krisen kommen hinterrücks. An Warnern hat es nicht gefehlt; es gibt ja seit anderthalb Jahren kaum mehr eine Evangelische Akademie, die am Wochenende nicht die Furchtbarkeit der drohenden Energiekrise auf die Leinwand der Zukunft gespiegelt hätte. Aber wer hat schon darauf gehört – im Kabinett, in der Ministerialbürokratie? Die Macher der Politik, all die vielen Räte und Beiräte, vermögen auf neue Informationen offensichtlich nicht angemessen zu reagieren; ihre Reaktionen entsprechen meist mehr ihren eingefleischten Vorurteilen als dem Diktat des Notwendigen.

So kam es, daß wir am 17. Oktober, an dem die Araber ihren Ölboykott verkündeten, völlig überrascht wurden und noch heute eigentlich nicht so recht wahrhaben wollen, daß wir Gleiches miterlebt haben wie Goethe bei der Kanonade von Valmy: den Beginn eines neuen Zeitalters. Die einst unterjocht waren, haben den früheren Unterjochern den Kampf angesagt; der Kolonialismus von ehedem hat eine Umkehrung erfahren; die Reichsten der Armen haben den Ärmsten der Reichen den Fehdehandschuh hingeworfen.

Die Herausforderung ist ernst. Schließlich geht es nicht nur um unsere Autos, nicht nur um die Heizung unserer Häuser – es geht um unsere Arbeitsplätze. Und hinter der Ölsperre wird eine Kette ähnlicher Fatalitäten sichtbar. Die Welt des industrialisierten Nordens ist auf vielfältige Weise von den Lieferanten der südlichen Welthälfte abhängig. Kupfer, Zinn, Bauxit, Nickel, Kobalt, Holz, Häute – auf jedem dieser Gebiete sind die Industriestaaten angewiesen auf die Erzeuger in der unterentwickelten Welt. Was, wenn sie plötzlich alle ihre Muskeln spielen lassen?

Wenn der alte Adam schreit

Vor wenigen Jahren noch schien dies undenkbar. Heute liegt es im Bereich des Wahrscheinlichen – und wir sind alle völlig unvorbereitet. Die Frage ist: Warum? Etwa, weil unsere Technokraten nicht in der Lage sind, den Faktor »Unwägbares« in ihre Planung einzubauen? Weil unsere Minister zu sehr in Ressort-Kästchen eingesperrt werden, als daß sie noch Dinge im Auge zu behalten vermöchten, die sich jenseits der Umzäunung ihrer Ministerien abspielen? Darüber werden wir nachdenken müssen.

Schließlich: Die Sache mit dem alten Adam. Der schreit immer, wenn es ihm nicht gut genug geht – aber er wird noch mehr schreien, wenn es ihm schlechter geht, als es sein müßte. Seine Furcht freilich, daß es ihm elend ergehen könnte, wird keine Regierung außer acht lassen können. Zum einen nicht, weil die Stimmung sonst allzu leicht – siehe Dänemark – ins Poujadistische umschlüge; wer weiß schon, was aus der Demokratie wird, wenn sie Vollbeschäftigung und den ungehemmten Verfolg persönlichen Glücks dem einzelnen Bürger nicht mehr zu gewähren vermag? Zum anderen nicht, weil in solcher Furcht nach einer Epoche hemmungslosen Wünschens vielleicht ja auch eine – dem Staat willkommene – heilsame Bremse liegen könnte.

So viele abstrakt anmutende Postulate man auch auf die

Transparente und Plakate schreiben mag – ihre Wähler, ihre Bürger wird unsere Republik nicht bei der Stange halten können, wenn sie nicht dafür sorgt, daß die menschlichen Urängste um Beschäftigung und lohnendes Dasein gegenstandslos bleiben.

Der einzelne Mensch macht sich nun einmal Sorgen um seine Zukunft. Er ist systemkonform nur so lange, wie ihm das System seinen Komfort verbürgt. Die Regierenden, wenn sie einsichtig sind, werden ihm sagen, daß jegliche Vorhersage riskant ist und die besten Propheten jene sind, die den Faktor »Ungewißheit« ganz groß schreiben. Die Zukunft ist keine Patentmedizin; Weissagung wäre Betrügerei. Aber weil den Menschen vom Tier eben dies unterscheidet, daß er sich um die Zukunft sorgen kann, und weil er Vorsorge für die Zukunft treffen will, wird auch keine Regierung sich leisten dürfen, ihn dem Spiel unkontrollierbarer Gewalten zu überlassen.

Der Mensch, der sich über die Zukunft Gedanken macht, wird auch Sicherheit für die Zukunft verlangen. Für ihn ist das Leben kein Hasardspiel: Er will Gewißheit. Wer dürfte ihm dies in unsicheren Zeitläuften wie den unseren verdenken? Wer wollte es ihm verübeln, daß er in der Erscheinung Flucht nach einem ruhenden Pol sucht?

Es sind die Regierenden, die ihm diesen Pol zeigen müssen. Mit Computer-Exaktheit hat das wenig zu tun – aber sehr viel mit der Inspiration, die von den politischen Instanzen ausgehen kann.

Von der Schwierigkeit zu helfen

Ende 1974

Weihnachten – das Fest der Liebe? Machen wir uns nichts vor: In diesem Jahr ist es eher ein Fest der Bangigkeit und der Ratlosigkeit. Wenn wir vor den geschmückten Tannenbaum treten, wenn wir uns zu Tisch setzen, um die Weihnachtsgans oder den Puter zu verspeisen, wird ein Stück Zukunftsangst den Lichterglanz verdunkeln. Und ganz werden wir die Unruhe unseres Gewissens nicht bezwingen können: daß wir es uns gut sein lassen, wo es so vielen anderen schlechtgeht.

Zu diesen vielen anderen gehören Menschen im eigenen Lande. Nicht nur jene, welche die herkömmliche Herzlosigkeit der Ämter die »Bedürftigen« nennt, die Alten, die Kranken, die Arbeitsunfähigen; nein, auch eine ganz neue Kategorie: solche, die arbeiten wollen, aber in der heutigen Konjunktur keinen Arbeitsplatz finden. Inzwischen sind das fast eine Million Menschen. »Die Revolution der sinkenden Erwartungen«, die eine Mehrheit bisher bloß als abstraktes Gedankengemälde begreifen gelernt hat – diese Million und ihre Angehörigen erfahren sie als bittere Wirklichkeit am eigenen Leibe.

Sie nagen nicht am Hungertuch, gewiß. Aber einschränken müssen sie sich, auf viele Annehmlichkeiten verzichten, die das Leben leichter machen, es beim Notwendigsten bewenden lassen. Daß sie nicht ausgesprochen darben müssen, danken sie einem in den letzten Jahren kräftig ausgebauten System sozialer Fürsorge, das nichts der Nächstenliebe überläßt, was in unseren Zeiten nur die Gerechtigkeit des Gemeinwesens zu leisten vermag. Private Caritas ist notwendig und nützlich, doch haftet ihr immer ein Element des Zufälligen, Bruchstückhaften an. Übergreifende Vorsorge und Fürsorge kann wirksam nur die im Staat organisierte Gemeinschaft gewähren. Hierzulande, Gott sei Dank, tut sie es auch.

Unvorstellbares Elend

Schlimmer als der Minderheit unter uns geht es denn auch der Mehrheit der Menschen jenseits der Grenzen unserer Weltwohlstandssphäre. Dort herrscht Not, nicht nur Einschränkung, dort wird gehungert. Die Statistik des Elends übersteigt unser Begriffsvermögen: Eine Milliarde Menschen – ein Viertel der Menschheit! – hat nicht genug zu essen; vierhundert Millionen vegetieren stumpf am Rande des Verhungerns dahin; Hunderte von Millionen sind unterernährt und daher schwach, krank, seuchenanfällig; zwanzig Millionen, so fürchtet Norman Borlaug, der Vater der »Grünen Revolution«, werden in den nächsten beiden Jahren Hungers sterben.

Das Grauen, das hinter diesen Zahlen steckt, wird lebendig, wenn man sich die Bilder des Elends ins Gedächtnis ruft: bengalische Hungerleichen; die ausgemergelte Mutter, die, eine halbe Welt entfernt, ihr totes Baby in den Armen hält; die traurigen, hoffnungslosen Augen von Kindern, die nur noch Haut und Knochen und Anklage sind. Diese Schreckensbilder liefern *eine* Erklärung für das schlechte Gewissen, das sich in unsere Weihnachtsstimmung schleicht. Eine andere liegt in der resignierenden Ratlosigkeit, in die uns die Dimension des Horrors treibt. Einem einzigen Hungernden läßt sich helfen. Fünftausend lassen sich speisen. Wie aber soll man eine Milliarde sättigen?

Mit bloßen Anwandlungen kann es da nicht getan sein. Zugegeben, ohne den moralischen Impuls, den Hungrigen Brot darzureichen, ist überhaupt nichts zu bewirken, aber allein mit ihm auch nichts. Eine gewaltige organisatorische Kraftanstrengung muß hinzukommen, ein fundamentales Umdenken obendrein, ein Umlernen auf allen Seiten.

Die simplizistischen Ratschläge helfen nur in Grenzen. Wenn jeder von uns jeden Tag zum Frühstück eine Scheibe Toast weniger äße, wenn wir in der Woche bloß auf eine einzige Bulette verzichteten; wenn wir uns das Getreide in der Urform einverleibten, nicht zu Schweinekeule oder Rindsfilet veredelt, wenn die Bürger der Bundesrepublik statt 82,5 Gramm Protein täglich nur das Minimum – 20 Gramm – zu sich nähmen: gut, da ließe sich in der industrialisierten Nordhälfte der Welt allerhand einsparen. Aber damit ist die eingesparte Scheibe Toast, sind Weizen, Bulette und Ei noch nicht bei den Darbenden in der Sahelzone oder den Verhungernden in Bangla Desh. Daß die einen mit der Völlerei aufhören, heißt noch nicht automatisch, daß sich die anderen nun sattessen könnten. Der Weizen muß nach Chittagong gelangen und weiter. Ein funktionierendes Verteilungssystem tut not und eine saubere Verwaltung, damit die Lebensmittel wirklich die Hungernden erreichen und nicht in den Maschen und Taschen korrupter Behörden hängenbleiben.

Im übrigen trifft hier erst recht zu, was für die innerstaatliche Fürsorge galt: daß private – auch kirchliche – Caritas wohl ihre Funktion, aber auch ihre Grenzen hat. Sie kann nur punktuell ansetzen. Wie John Stuart Mill schon im vorigen Jahrhundert kritisiert hat: Sie »verschwendet ihre Freigebigkeit an der einen Stelle und läßt die Leute an der anderen verhungern«. Ihre Bedeutung liegt vor allem in ihrer Signalwirkung. Sie kann Beunruhiger sein, Vorreiter, Antreiber; kann die Satten aus ihrem Zynismus reißen, um die Hungernden aus der Hoffnungslosigkeit zu retten; kann das moralische Unterfutter einer pragmatischen Politik gegen den Hunger weben. Sie ist noch nicht Politik, aber sie ist die Voraussetzung der Politik.

Die Situation ist ernst. Georg Picht mag übertrieben haben, als er Ende November bei der Eröffnung der 16. Aktion »Brot für die Welt« unmittelbar drohende Kriegsgefahr an die Wand malte: »Die Dritte Welt ist nicht länger bereit, sich widerstandslos ins Elend treiben zu lassen ... Wir erleben schon die ersten Phasen eines mit Guerillataktik geführten Weltbürgerkrieges ... Deswegen ist der Kampf gegen die Not in der Welt zugleich ein Kampf um den Frieden, ja sogar um unsere eigene Sicherheit.« Was jedoch heute noch als Überspitzung wirkt, kann morgen schon Realität werden.

Ein Wirtschaftskrieg ist keineswegs ausgeschlossen. Die Ölproduzenten haben das vorexerziert; andere könnten es ihnen nachtun. Auf vier Länder sind die Industriestaaten jeweils angewiesen: für 80 Prozent ihres Kupfers, 95 Prozent ihres Zinns, die Hälfte ihres Bauxits, 50 Prozent ihres Kautschuks. Darin liegt strategische Marktmacht der Lieferanten.

Und auch militärische Bedrohungen lassen sich ja nicht

schlankweg von der Hand weisen. Heute ist die Dritte Welt zu arm und zu schwach, um der Ersten oder der Zweiten Welt gefährlich werden zu können. Aber morgen? Die Armeleute-Atombombe ist kein Hirngespinst, sondern eine reale Möglichkeit. Und wer von denen, die am Stammtisch Schlachtpläne für die Besetzung der Ölscheichtümer am Persischen Golf für den Fall ausarbeiten, daß die Arbeitslosigkeit bei uns steigt und die westliche Industrie zum Stillstand kommt, dürfte es beispielsweise den Indern verdenken, wenn sie angesichts einer Hungersnot, die 50 Millionen Tote fordern könnte, irgendwo in New York eine Kernwaffe plazieren und sie zu zünden drohen, falls nicht binnen zehn Tagen so- und soviel Weizen verschifft und auf dem Wege nach Indien ist?

Klassenkampf im Weltmaßstab

Patentrezepte gibt es keine, Schwierigkeiten zuhauf. Zum Beispiel die Schwierigkeit, daß viele Staatsmänner in den Entwicklungsländern auf der heutigen Basis Hilfe gar nicht mehr annehmen wollen. Sie laufen auf Konfrontationskurs, ja Kollisionskurs. Als Hauptfeinde erscheinen ihnen – so ein Repräsentant der afrikanischen Staaten – nicht die weißen Kapitalisten, sondern die Armeen der Lohn- und Gehaltsempfänger in den Industrienationen: »Mit jeder Lohn- und Gehaltssteigerung steigen die Preise von Produkten, die für uns lebenswichtig sind, und jede solche Preissteigerung wird bei uns mit Menschenleben bezahlt.« Hier zeichnet sich ein ganz neuer Klassenkampf im Weltmaßstab ab.

Was not tut, sind neue Perspektiven, ein Plan, vielleicht ein Mann von Statur, der die herkulische Aufgabe übernimmt, Hilfe zu organisieren in einer Welt, deren einer Teil nicht helfen will, deren anderer sich nicht helfen lassen möchte.

Georg Picht hat recht: »Wir machen uns zu wenig klar, daß ein einziger konstruktiver Gedanke mehr Menschen vom Hungertod erretten kann als viele Millionen von Spenden ... Auch Gedanken sind Brot für die Welt.« Fügen wir hinzu: Dieser Gedanke müßte auf einen Plan hinauslaufen, die Agrarproduktion in den Industriestaaten anzukurbeln (was leichtfallen sollte), die Landwirtschaft in den Hungerländern zu entwickeln (was schwierig sein wird), eine Weltnahrungsreserve anzulegen und einen Katastrophendienst einzurichten, schließlich: Konsumaskese zu motivieren.

Freilich: Überläßt man dies den Bürokraten, wird nie etwas daraus werden. Es bedürfte da schon eines Mannes von Format, internationalem Ansehen, moralischem Gewicht, politischem Durchsetzungsvermögen, eines zweiten Herbert Hoover oder Paul Hofmann. Auf der ganzen Welt ist nur ein einziger zu sehen, der dieser Beschreibung entspräche: Willy Brandt. Deutet seine UNICEF-Rede von voriger Woche etwa darauf hin, daß er sich mit dieser unsäglich schweren, doch verzweifelt wichtigen Aufgabe befreunden könnte – der Aufgabe, Barmherzigkeit zu organisieren, *compassion,* wie er zu sagen pflegte, bis Gerechtigkeit geschaffen werden kann?

Friede auf Erden und den Menschen ein Wohlgefallen? Wir werden die Weihnachtsbotschaft unbeschwerten Gewissens nicht mehr vernehmen dürfen, solange aus der Festtagsliebe nicht dauernde, tätige, wirksame, weltweite Solidarität geworden ist.

Wir hoffen nur vage, doch wir fürchten präzise

Ende 1975

Das letzte Quartal unseres Jahrhunderts hat sich nicht schlecht angelassen. Es gab im Jahre 1975 keinen Durchbruch, aber auch keinen Ausbruch; keine wesentliche Verbesserung, aber auch keine spürbare Verschlechterung; keine Spannungslosigkeit, doch auch keine Hochspannung. Es gab keinen großen Krieg und keine große Krise. Es hätte schlimmer kommen können.

Wie geht es weiter? Prognosen gehören zum Jahreswechsel wie Bleigießen und Berliner Pfannkuchen. Diesmal gibt es gleich drei Voraussagen, die aufrütteln. Die Chinesen spielen abermals ihr schauriges Lied vom Tod: Sie prophezeien einen neuen Weltkrieg, ausgetragen zwischen der Sowjetunion und den Vereinigten Staaten auf dem Schlachtfeld Europa.

Der amerikanische Ökonom und Futurologe Robert L. Heilbroner stößt in ein anderes Gruselhorn: Er malt »Umverteilungskriege« zwischen Nord und Süd an die Wand; er kündet das nahende Ende der *business civilization* des Westens – wir würden wohl sagen: der freien Marktwirtschaft; er sieht die Heraufkunft einer neuen, dem heutigen China entlehnten Religion voraus, gegründet auf die obrigkeitliche Durchorganisierung des Gemeinwesens und die Vergötterung des Staates. Mancher Politologe aber – zum Beispiel der US-Professor Sam Huntingdon – wehklagt über die gegenwärtig allenthalben sichtbar werdende Unregierbarkeit der Demokratien und schlägt als Heilmittel einen kräftigen Schuß Autoritäres vor.

Nun ist das Prognostizieren allemal schwierig. Mit ein bißchen Glück lassen sich aus bekannten Tatsachen und begonnenen Entwicklungen Linien in die Zukunft ziehen. Das Unvorhersehbare jedoch ist auch nicht vorhersagbar – und Geschichte wird immer aus Unvorhersehbarem bewegt. Außerdem muß die statistische Kunst der Extrapolation versagen, wo es um menschliches Handeln geht. Da gibt es keine geradlinige Projektion, weil es keine unabwendbare Entwicklung ins Unheil oder in die Utopie gibt.

Der Mensch kann den Lauf der Dinge durch Gegenhalten und Gegensteuern korrigieren. Seine Autonomie entzieht sich der Berechnung des Computers. Wo Einsicht waltet, winkt auch Wandel. Trend ist nicht Schicksal.

Krieg also, Krieg in Europa, prophezeien die Chinesen. Beweise liefern sie nicht dafür, nur ideologische Argumente. Gleichzeitig verkünden sie Mal um Mal: »Es ist große Unordnung unter dem Himmel, aber die Lage ist ausgezeichnet.« Da liegt der Verdacht nahe, daß die Pekinger Führung sich geradezu nach einem Krieg in Europa sehnt. Sagt nicht ein altes chinesisches Sprichwort: »Der steigende Drachen braucht den Wind«? Und hat nicht Mao schon vor zwanzig Jahren erklärt, nach einem atomaren Weltkrieg werde der chinesische Kommunismus triumphieren? Wunschdenken bestimmt hier die Prognose. Eine nüchterne Analyse der militärischen Lage liefert jedenfalls keinerlei Hinweis darauf, daß die in Peking behauptete Kriegsgefahr mehr wäre als eine ungeheuerliche Propaganda-Erfindung. Angesichts des ostwestlichen Kräfteverhältnisses wird sie, solange im Kreml nicht Verrückte regieren, auch eine Ausgeburt der Phantasie bleiben.

In Wahrheit besteht Kriegsgefahr heute und in den kommenden Jahrzehnten ganz woanders. Ein Krieg zwischen China und Rußland ist weit wahrscheinlicher als eine militärische Auseinandersetzung zwischen Warschauer Pakt und Atlantischer Allianz. Noch größer jedoch ist die Wahrscheinlichkeit kriegerischer Zusammenstöße zwischen den jungen Staaten der Dritten und der Vierten Welt. Unter ihnen gibt es ja kaum einen, der nicht mit seinen Nachbarn im Grenzstreit läge; und ihre Streitigkeiten haben schon in den beiden zurückliegenden Jahrzehnten die Statistik der Konflikthäufigkeit bestimmt.

Daneben bleibt die arabisch-israelische Konfrontation, die jeden Augenblick wieder in Krieg ausarten kann, wenngleich manches dafür spricht, daß sie allmählich wie alle historischen Konflikte ihrer Beilegung entgegentreibt – erst durch Gewöhnung, am Ende durch Versöhnung. Immer stärker schiebt sich dafür neuerdings die Möglichkeit eines bewaffneten Konflikts zwischen Südafrika und seinen schwarzen Nachbarn ins Blickfeld. Der Kampf der Rassen auf dem Schwarzen Kontinent läßt sich allenfalls durch große staatsmännische Klugheit verhindern – und davon ist in der Angola-Krise bisher nur wenig sichtbar geworden.

Die Gefahr von Umverteilungskriegen jedoch? Noch ist sie ein Phantasieprodukt – wie die Landung von Hunderttausenden Hungriger an der Küste von Marseille, mit welcher der französische Romanschriftsteller Jean Raspail im alten Jahr sein Publikum erschreckt hat. Die Dritte Welt, erst recht die Vierte Welt, ist zu schwach, als daß sie schon militärisch gegen die Industriestaaten des Nordens vorgehen könnte. Aber das mag sich ändern. Einzelne Länder könnten sich auf terroristische Taktik verlegen und die Verwundbarkeit der entwickelten Welt zu großangelegten Erpressungsmanövern ausnutzen – möglicherweise mit gestohlenen oder auch selbstfabrizierten Atomwaffen. Wer an der Jahreswende 1975/76 vorausdenkt bis zum Jahre 2000, darf diese Eventualität nicht einfach ausschließen. »Verrückte Staaten«, wie sie der israelische Politologe Yehezkel Dror nennt, könnten zum schwierigsten Problem des letzten Jahrhundertquartals werden.

Den Kollaps der Zivilisation malt Robert L. Heilbroner aus. Seine Argumente sind von schlichter Eindringlichkeit. Der Expansionsdrang des Kapitalismus trifft von nun an auf natürliche Grenzen – Endlichkeit der Rohstoffe, Verschmutzung der Umwelt. Die Forderung der armen Völker nach Teilhabe am Wohlstand der reichen Nationen kann nur durch eine ungeheure Umverteilung befriedigt werden, doch dagegen spricht sowohl das Defizit an Altruismus bei den Industrienationen wie die Schwierigkeit, Reichtum praktisch zu den Habenichtsen zu transferieren. Eine Weltregierung, die auf den Gehorsam der afrikanischen Stämme, der indischen Bauern, der chinesischen Kommunarden, der sowjetischen und der amerikanischen Mittelklasse zählen darf, ist nicht in Sicht. Der Marktmechanismus aber verspricht kein Heil: Er führt zu ungleicher Verteilung von Einkommen und Eigentum; er schützt nicht vor den schädlichen Nebenwirkungen des Kapitalismus wie der Umweltverschmutzung; er vermag nur Quantität zu messen, nicht aber Qualität.

Hieran ist vieles richtig, soweit die Analyse dem Funktionieren der freien Marktwirtschaft in der Vergangenheit gilt. Die fragwürdige Prämisse freilich, daß der Markt sich nie und nimmer zu ändern vermöge, unterspült die ganze These. Da übersieht Heilbroner, daß dem Kapitalismus heutzutage die Rahmenbedingungen seines Funktionierens von Staats wegen gesetzt werden können. Er vergißt, daß Verbesserung noch immer möglich gewesen ist, wo als Folge eines Bewußtseinswandels die Einsicht in die Unhaltbarkeit früherer Axiome sich verbreitet hat. Er leugnet, in einem Wort, daß der Mensch – auch der Kapitalist – ein lernfähiges System ist, schwerfällig zwar, aber doch zu überzeugen, zu beeinflussen, zu bewegen.

Die Untergangsprophetien klingen schön schauerlich; der Mensch will sich ja auch gruseln. Aber sie stehen und fallen damit, daß sie einen qualitativen Wandel des Systems ausschließen. Sie propagieren die Endlichkeit der Rohstoffvorkommen, doch sie unterschlagen, daß es möglich ist, den Mangel auch anders zu meistern – durch Ausweichen auf andere Materialien; durch Verbrauchsverzicht. Die Ökologie setzt dem Menschen Schranken seiner Entfaltung, verhindert sie indes keineswegs ganz und gar. Sie zwingt nur zur Disziplinierung.

Bleibt das Problem der Unterentwicklung auf dieser Erde. Es ist enorm. Freilich, ein Scharlatan wäre, wer da behaupten wollte, es gäbe ein Patentrezept, eine leichte Lösung, eine Abkürzung zum universellen Glück. Es gibt nichts dergleichen. Mögen die Industriestaaten zehnmal bereit sein zum teilenden Miteinander (was sie, um der

Wahrheit die Ehre zu geben, nur beschränkt und bedingt sind) – es würde den Entwicklungsländern doch nicht ersparen, selber die Voraussetzungen ihres Aufschwungs zu schaffen. Sie müssen sich organisieren und strukturieren. Sie müssen ihre Fruchtbarkeit eindämmen, wenn nicht der Bevölkerungszuwachs auffressen soll, was der Produktivitätszuwachs schafft. Sie müssen Verderb und Verderbtheit einschränken, damit Hilfe sinnvoll erscheint. Solange sie all dies nicht tun, bleiben Entwicklungszuschüsse bloß Tropfen auf den heißen Stein. Tun sie es aber, so kann Entwicklungshilfe Initialzündung bewirken. Dann können die jungen Staaten auch Opfer von Industrienationen verlangen: Rohstoffabkommen, industrielle Umstrukturierung, Öffnung der Märkte, Verzicht.

Verzichte mögen notwendig sein: nicht unbedingt auf gesicherte Errungenschaften, wohl aber auf künftige Erwartung. Doch sollten wir uns darüber im klaren sein: Verzichtsappelle, die rein moralisch begründet sind, haben in der Geschichte noch nie etwas bewirkt. Gefruchtet haben immer nur Appelle, die sich entweder durch die Notwendigkeit erklärten oder aber durch die Hoffnung auf Nutzen rechtfertigten. Das wird so bleiben. Der alte Adam ist zäh.

Was nun aber die Unregierbarkeit der Demokratien angeht, so sollte man sich auch da nicht ins Bockshorn jagen lassen. Richtig ist, daß das Westminster-Modell der parlamentarischen Demokratie weltweit auf dem Rückzug ist. Indira Gandhi, die im abgelaufenen Jahr der »größten Demokratie der Erde« den Garaus gemacht hat, lieferte dafür den letzten, nicht den einzigen Beleg. Von rund 150 Staaten, die sich inzwischen etabliert haben, davon nach der letzten Zählung 144 als Mitglied der Vereinten Nationen, sind knapp zweieinhalb Dutzend Demokratien zu nennen. Auch diese zweieinhalb Dutzend haben in jüngster Zeit ihre Schwierigkeiten gehabt.

Aber es sind falsche Propheten, die uns jetzt einreden wollen, Demokratie sei an die Voraussetzung unbegrenzten Wirtschaftswachstums gebunden; wenn sie an Wachstumsschranken stoße, müsse sie auch wieder hierarchischer und autoritärer werden; eine Einengung des ökonomischen Freiheitsspielraumes bedinge, in Umkehrung von John Locke, auch wieder eine Einengung des Freiheitsraumes, in dem der einzelne Bürger sein Leben verwirklichen kann. Eine Einschränkung der bürgerlichen Freiheiten zur Bewältigung von Schwierigkeiten – das wäre eine Absage an zweihundertfünfzig Jahre westlicher Entwicklung zur Rationalität menschlichen Wirtschaftens; eine Absage auch an die Einmaligkeit, an die Autonomie, an die Souveränität des Individuums; eine Verleugnung, wenn es denn einen geschichtlichen Zusammenhang zwischen Kapitalismus und bürgerlicher Demokratie gibt, all dessen, was die Größe, die Würde, die Glorie des selbstverantwortlichen Bürgers ausmacht.

Die Demokratien sind nicht unregierbar geworden; hüten wir uns davor, momentane amerikanische Frustrationen zur Meßlatte der ganzen demokratischen Welt zu erheben. Allenthalben sind in der Bedrängnis der letzten Zeit Kräfte der Selbstdisziplinierung spürbar geworden, deren Existenz lange bezweifelt war. Aber sie rühren sich – und sie geben den Demokratien mehr Stärke, als die Ameisenstaaten dieser Welt je erhoffen dürfen, mehr Flexibilität, mehr Dauerhaftigkeit. Nur dürfen die Demokraten nicht anfangen, selber an sich zu zweifeln.

Mag sein, daß die Demokratie kein Exportartikel mehr ist. Doch das heißt noch lange nicht, daß sie nun auch dort, wo sie eingeübt ist, preisgegeben werden müßte. Sie durchläuft eine Phase der Anfechtung, gewiß. Doch sie ist immer noch effizienter als alle anderen Systeme, immer noch anpassungsfähiger, immer noch menschlicher. Wir haben keinen Grund, von ihr abzulassen. Der alte liberale Grundsatz des »einerseits-andererseits« ist es wert, über die Jahrtausendwende hinweggerettet zu werden: einerseits unsere Freiheit, andererseits eine als gerecht empfundene Ordnung. Die Gewichte müssen stets von neuem austariert und zuweilen auch frisch geeicht werden. Ein Anlaß, das ganze System zu verdammen und zu verstoßen, ist indes nirgendwo zu sehen.

Das erste Jahr des letzten Viertels unseres Jahrhunderts war ein Jahr des Aufräumens, zugleich jedoch ein Jahr des Umblätterns. Die Menschheit hat ein neues Geschichtskapitel aufgeschlagen. Die alten Themen wurden an den Rand gedrückt; das große neue Thema rückte in den Vordergrund: der Nord-Süd-Konflikt. Andere neue Themen sind erst schemenhaft sichtbar geworden: die Gefahr, daß Atomwaffen in immer mehr Hände gelangen; die Horrorvorstellung, daß die Genetiker sich, wenn man sie nur läßt, bald mit der Erbmasse des einzelnen Menschen zu schaffen machen werden; die Möglichkeit, daß die Unfähigkeit der sowjetischen Landwirtschaft letztlich zu Lasten jener hungernden Millionen gehen wird, deren Regierungen Moskau die nordamerikanischen Getreideüberschüsse vor der Nase wegkauft. Neue Hoffnung hingegen hat sich 1975 kaum gerührt.

Vielleicht liegt das daran, daß die Menschen, wie Paul Valéry einst sagte, nur vage hoffen, aber sehr präzise fürchten. Aber wenn man nicht den GAU-Maßstab anlegt, das Maß der Wissenschaftler, die stets den »größten anzunehmenden Unfall« in ihre Sicherheitskalkulation einstellen; wenn man Murphys Gesetz, wonach immer schiefgehen *wird,* was schiefgehen kann, als Ausfluß philosophischer Galligkeit bewertet, nicht als unumstößliche Wahrheit; wenn man schließlich davon ausgeht, daß in der Geschichte zwar keine Sehnsucht sich je vollkommen erfüllt, aber auch keine Befürchtung je zur Gänze Wahrheit wird – dann können wir der Zukunft halbwegs gelassen entgegensehen.

Die Zukunft hat wieder Zukunft

Ende 1976

Das Jahr 1976 hat mit Enttäuschungen nicht gegeizt. Der weltwirtschaftliche Aufschwung ist steckengeblieben und droht schon wieder in eine Rezession umzuschlagen. Im Nord-Süd-Dialog hat es viel resolutionäres Getöse gegeben, doch keinerlei Ergebnis; die Möglichkeit des Konfliktes ist nicht ausgeräumt. In Nahost und im südlichen Afrika glimmt weiter die Lunte, die Ost-West-Entspannung ist vom Meltau befallen; allenthalben – in den Demokratien wie in den autoritär geführten Staaten – ächzt das Gebälk unter der Last der gegenwärtigen Nöte.

Zugleich aber hat sich in diesem Jahr der enttäuschten Hoffnungen und der vertagten Entscheidungen ein Stimmungswandel angebahnt – weg vom Apokalyptischen, Pessimistischen, Hektischen; hin zum Stoischen, Realistischen, Unaufgeregten. Plötzlich hat die Zukunft wieder Zukunft.

Der *Club of Rome,* der jahrelang in seinen computer-berechneten Unheilsprophetien geschwelgt hatte, entdeckte in Philadelphia »neue Horizonte für die Menschheit« – hellere Horizonte als vordem. Herman Kahn vom *Hudson Institute,* einst die Kassandra unter den Futurologen, malt jetzt himbeerfarbene Zukunftsprospekte. Und der Nobelpreisträger Wassily Leontief kommt in seiner für die Vereinten Nationen ausgearbeiteten Computermodell-Studie *The Future of the World Economy* zu dem Schluß, daß die Erde Raum und Rohstoffe und Nahrung für alle hat; daß die Umweltschäden erträglich bleiben; daß Wachstum möglich ist; daß die Wohlstandslücke zwischen entwickelten Ländern und Entwicklungsländern bis zum Jahre 2000 zur Hälfte, bis 2050 ganz zu schließen wäre.

Herman Kahn greift bei seiner Zukunftsmusik am prallsten in die Harfe: »Wir betrachten die beherrschenden Fragen der Gegenwart – Bevölkerung, Wirtschaftswachstum, Energie, Rohstoffe, Ernährung, Umweltverschmutzung – als grundsätzlich in naher oder mittlerer Zukunft lösbar, als Übergangsprobleme einer Übergangsphase, als Probleme einer Zeit zwischen Weltelend und Weltwohlstand ... Wir glauben, daß vorhandene Fertigkeiten, sauberes Management und vernünftige Politik diese Probleme in bloße Erinnerungen verwandeln können.« Die anderen gehen nicht so weit, doch auch sie lassen zum erstenmal nach einer Phase düsteren Orakelns wieder Hoffnung aufleuchten.

Das fängt beim Problem der Weltbevölkerung an. Irgendwann im Jahre 1976 ist die vierte Milliarde voll geworden – aber es mag sein, daß der Zuwachs sich bereits verlangsamt und die Furcht vor einer Bevölkerungsexplosion sich im nächsten halben Jahrhundert ganz verflüchtigt. Der weltweite Geburtenüberschuß ist schon 1975 gesunken – von 69 auf 64 Millionen. Bis zum Jahre 2000 wird zwar die Vermehrung in den Entwicklungsländern anhalten, die Weltbevölkerung um 60 Prozent zunehmen, aber schon in den 25 folgenden Jahren wird die Zuwachsrate sinken. Von 2075 an, so erwartet Leontief, wird die Zahl der Menschen auf dieser Erde – acht Milliarden, fünfzehn Milliarden? – stabil bleiben: Widerspiegelung der bis dann erhofften ökonomischen Entwicklung.

Nahrung für alle?

Ähnlich hoffnungsvoll lesen sich die Analysen der Ernährungslage. Der *Club of Rome* räumt ein, daß jeder Berechnung große Ungewißheit innewohnt, also auch den Katastrophenkalkulationen, doch hält er es für möglich, daß alle Staaten bis zur Jahrtausendwende ein Gleichgewicht zwischen Ernährung und Bevölkerung herstellen; in den Entwicklungsländern könnte eine Steigerung der landwirtschaftlichen Produktion von jährlich drei Prozent die Not wenden.

Leontief zielt höher: Er hält eine jährliche Produktionssteigerung von fünf Prozent für nötig, eine Vervierfachung der Ernten binnen dreißig Jahren. Dies sieht er als erreichbar an. Er setzt voraus, daß die Anbauflächen bis zum Jahr 2000 um 30 Prozent ausgeweitet werden (»physisch möglich«). Ferner bedingt es eine Steigerung der Hektarerträge um 60 bis 100 Prozent (»technisch und organisatorisch realistisch«). Es gibt genug Beispiele dafür, daß es geht: US-Weizen-Produktionssteigerung 1971 bis 1975 gegenüber 1941–1945: um 90 Prozent; UdSSR-Agrarerzeugung 1971–1974 gegenüber 1945–1950: um 79 Prozent; japanische Reisernten 1945–1975: um 30 Prozent; thailändischer und philippinischer Reisanbau 1960–1970: um 50 Prozent. Kahn übertrumpft dies noch. Bis in zweihundert Jahren, so verkündet er, werden sich die Menschen überall so ernähren können wie heute die

Amerikaner. Die Statistiken rechtfertigen einen vorsichtigen Optimismus: Weltweit stieg die landwirtschaftliche Erzeugung 1975 um zwei Prozent, 1976 um zwei bis drei Prozent – in den Entwicklungsländern um vier Prozent.

Und wie steht es um die Rohstoffe? Bis zum Ende des Jahrhunderts wird der Bedarf an Kupfer, Blei, Erdöl, Kohle, Eisen sich etwa verfünffachen, die Nachfrage nach Bauxit und Zink und Nickel sich vervierfachen. »Alle« sein werden bis dahin nach heutigem Kenntnisstand, Blei und Zink; manche Fachleute bezweifeln darüber hinaus, daß es genug Asbest, Fluor, Gold, Silber, Quecksilber, Zinn und Wolfram geben wird. Leontief zeigt sich da zuversichtlich: »Die bekannten Vorkommen an metallischen Mineralien und fossilen Brennstoffen reichen im allgemeinen aus, um den Weltbedarf für den Rest dieses Jahrhunderts zu decken, vermutlich sogar bis ins nächste Jahrhundert hinein.« Allerdings wird der Preis für Metalle in dem Maße steigen, in dem die Ausbeutungskosten in die Höhe gehen. Kahn schließt sich dieser Ansicht an und breitet einen faszinierenden Fächer künftiger Techniken aus, mit deren Hilfe sich neue Rohstoffvorkommen erschließen lassen: Gesteinsabbau in fünf Kilometer Tiefe, Bergwerke unter dem Meeresboden, Substitution, Extraktion von Metallen aus dem Meerwasser, *Recycling* von Altmetallen.

Freilich fragt sich, ob all diese Maßnahmen zur Sicherung der menschlichen Zukunft und zur Entwicklung der Unterentwickelten – Industrialisierung, Urbarmachung neuen Ackerlandes, Erschließung unkonventioneller Rohstoffquellen – sich verwirklichen lassen, ohne daß dadurch das Raumschiff Erde unwiederbringlich verwüstet wird. Viele zweifeln daran. Die Begeisterung für das Nullwachstum hatte in solchem Zweifel eine ihrer Wurzeln – aber mittlerweile ist ja auch der *Club of Rome* davon abgerückt und bekennt sich zu dem Begriff des »organischen Wachstums«.

Technik für die Idylle

Kahn malt das Bild eines künftigen Idylls: saubere Luft, sauberes Wasser, liebliche Landschaften. Die Technik dafür ist da, hat mancherorts auch schon schöne Erfolge erzielt. Umweltschutz hat seinen finanziellen Preis, gewiß: 1,6 Prozent vom US-Bruttosozialprodukt heute, 2 Prozent in Japan, in den hochindustrialisierten Ländern vielleicht 5 Prozent ums Jahr 2000, danach wieder weniger. Er hat auch seinen gesellschaftlichen Preis: den Konflikt zwischen militanten Umweltschützern, die möglichst alles sofort säubern wollen, und Unternehmern, die gegen »übereilte« Lösungen sind und die Kosten über längere Zeit verteilen möchten. Aber die Aufgabe ist lösbar. Leontief stimmt Herman Kahn zu: »Obwohl die Umweltverschmutzung die Menschheit vor ein ernstes Problem stellt, ist es technologisch zu meistern. Die volkswirtschaftlichen Kosten zur Eindämmung der Umweltverschmutzung sind relativ hoch, aber tragbar.«
Mag sein, daß den neuen, optimistischeren Prognosen derselbe Mangel anhaftet wie den früheren pessimistischen: daß dem Computer neben allem Zahlenmaterial Grundstimmungen und damit Grundrichtungen eingespeist wurden, die dem Ergebnis mehr den Charakter eines Temperamentsausbruches als eines objektiven Rechenwerkes geben. Mag sein auch, daß da Modisches,

zyklisch Wiederkehrendes mit hineinschwingt, intellektuelle Unlust am ewig gleichen Befund und daraus rührende Freude am Wechsel. Aber vielleicht war es ganz einfach die Verfeinerung der Modelle, die Hinzufügung der politischen Dimension, das Denken vom angestrebten Ende her, was die neuen Projektionen so viel konkreter, so viel einleuchtender macht.

Es war höchste Zeit für solche Konkretisierung. Die Menschen werden selten von rein moralischen Appellen bewegt; Katastrophen, die ihr Vorstellungsvermögen übersteigen, liefern ihnen kein Antriebsmoment, sondern verführen zur Kapitulation. Politische Strategien hingegen, die auf ein Ziel gerichtet und in überblickbare Streckenabschnitte eingeteilt sind, liefern Motive zum Handeln – und sei dies Handeln, wo es auf die Veränderung gesellschaftlicher und politischer Strukturen zielt, auch noch so schwierig.

Vorerst, so scheint es denn, findet das Jüngste Gericht nicht statt, bleibt die große Menschheitskatastrophe aus. Nicht, daß keine Schwierigkeiten drohten. Gewaltige Aufgaben sind zu lösen, große Entscheidungen zu treffen. Es reicht nicht, die Hände in den Schoß zu legen, verantwortliches und kompetentes Zupacken ist vonnöten. Darin sind sich Aurelio Peccei vom *Club of Rome,* Herman Kahn und Wassily Leontief einig. Aber auch darin stimmen sie überein: daß Zupacken Sinn hat und daß nicht jegliches Bemühen um Besserung von vornherein bloß Haschen nach Wind ist.

»Die Menschen«, sagt Manès Sperber, »sind ihrem Wesen nach prospektiv, finden sich im Leben nur zurecht, wenn sie ihre Zukunft in die Gegenwart einbeziehen können.« In der Tat: Wer ihnen mit Unheilsbotschaften die Zukunft nimmt, der verschuldet ihr Versagen in der Gegenwart.

Wer die Menschen aber zu vernünftigem Tun anspornen will, der muß ihnen nicht nur die Gewaltigkeit der Probleme zeigen, sondern auch die Chance der Gestaltung. Nur so läßt sich ihnen die Zukunft zur Heimat machen – anstatt zur Folterkammer.

Der Staat ist keine Mode-Boutique

Ende 1977

Jahreswechsel sind willkürliche Einschnitte im Kalender, aber sie haben ihr Gutes: Sie verschaffen uns Abstand. Politiker und Presseleute, Prediger, alle, die sonst hinter den Aktualitäten herjagen wie die Feuerwehr hinter dem Brandteufel, werden sich plötzlich ihrer Kurzatmigkeit bewußt. Sie spüren, was ihnen im Alltagsgeschäft selten gegenwärtig ist: die Geschichtlichkeit des Menschen. Zwischen den Jahren erinnern sie sich der Bedingtheit ihres Wollens und der Unvollkommenheit ihres Tuns.

Solche Besinnung ist nützlich. Sie erhebt die Protagonisten über den Schlachtenlärm, den sie in ihrer normalen Existenz erzeugen. Sie stößt die Handelnden darauf, daß ihrem Streben Schranken gesetzt sind. Sie bringt die Redenden und Schreibenden dazu, sich des Zusammenhangs zwischen Wort, Antwort und Verantwortung innezuwerden. Ihnen allen hilft sie, ihre Gedanken aus dem Zwang zur Tagespolemik zu entlassen und in die Zucht der Zukunft zu nehmen.

Es ist dieser Zwang zur Polemik, der unser öffentliches Leben in den letzten Jahren immer tiefer vergiftet hat. Die Polarisierung im Lager der Demokraten ist gefährlicher für unser Gemeinwesen als das Wüten jener wenigen, die sich, sektiererische Extremisten oder schlankweg Terroristen, aus dem Grundkonsens der Mehrheit ausgeblendet haben. *Freiheit statt Sozialismus* oder *Die Reaktion marschiert* – mit derlei Holzhammerparolen wirft eine Partei der anderen vor, sie betreibe den Untergang Deutschlands, verrate das System, untergrabe die Verfassung. Dabei wissen alle, daß nichts davon wahr ist. Und nicht nur dies: Sie wissen auch, daß allein der einigermaßen regelmäßig praktizierte Wechsel an der Spitze unserer demokratischen Ordnung Glaubwürdigkeit und Dauer verleihen kann – daß die gegenseitige Denunzierung diese Ordnung also bloß zerstört, keineswegs jedoch stabilisiert.

Ehrliches Nachdenken zwischen den Jahren müßte auch noch andere Einsichten zutage fördern, die uns aus der sterilen Aufgeregtheit des politischen Betriebes heraushelfen könnten.

Erstens: Geschichte vollzieht sich weder in einem geschlossenen Kreislauf mit zyklisch wiederkehrenden Phasen noch in gradliniger Entwicklung auf ein bestimmtes Ziel hin. Es regiert das Gesetz des Pendels, das immer wieder zurückschwingt. Alles produziert auch sein Gegenteil – das ist die Dialektik des geschichtlichen Prozesses (seltsam nur, daß Marx glaubte, ausgerechnet das nach seinen Ideen konstruierte System werde vom Walten dieses Gesetzes ausgenommen bleiben). Kaum verkünden die Philosophen das Ende der Ideologie, so schleicht sie sich schon wieder durch die Hintertüre ein. Einem Zuviel an Staat folgt regelmäßig ein Zuwenig, schnöder Realpolitik meistens übertriebener Idealismus, einem Übermaß an verordneter Zucht die Auflösung der herkömmlichen Werte in der Permissivität – und umgekehrt. Einmal liegt der Akzent auf den Mythen, dann wieder auf den Fakten;

bald auf den Rechten, bald auf den Pflichten; teils auf Ansprüchen, teils auf Leistung. Das Unbehagen an den »Megamaschinen« zeugt die Freude am »konvivialen Werkzeug« (Ivan Illich), die Gleichmacherei den Drang sich hervorzutun, die Überversicherung auf allen Gebieten den Wunsch, in freier Selbstverantwortung wieder ein bißchen Risiko laufen zu dürfen. »Auf die Vergötzung des Fortschritts«, klagte Paul Valéry, »antwortete man mit der Vergötzung der Verdammung des Fortschritts.« So ist die Wirklichkeit – wie das Denken darüber – in dauernder Korrektur begriffen. Es gibt wenig, was im Wandel unverändert Bestand hätte; das meiste wird fortwährend verbessert, angepaßt, repariert, umgeschmolzen, »aufgehoben« in Hegels mehrdeutigem Sinn des Wortes. Alles ist immerfort reformbedürftig, auch die Reform – teils weil sie übers Ziel hinausgeschossen ist, teils weil der schönste Entwurf sich an der Realität Beulen stößt.

Zweitens: Auch Stimmungen, Zeitgefühle wandeln sich. Es hat in der Geschichte stationäre Zeiten gegeben und bewegte, pessimistisch und optimistisch gestimmte, triumphalistische (»Macht Euch die Erde untertan!«) und deprimierte (»Rettet das Raumschiff Erde!«). Moden spielen da mit hinein; und nicht hinter jeder Mode steckt ein Prinzip – oder eines, das nicht alsbald zu Tode geritten wäre. Der offene Hemdkragen hat in Amerika jüngst die teuerste Krawatte der Welt provoziert, aus Samt und Brillanten für 2000 Dollar; die Sache war der achtbaren *New York Times* einen Leitartikel wert. An den US-Universitäten wird nach vielen Jahren Marx aufs neue Adam Smith gelesen, in Deutschland wieder Rilke. Karl Popper und Milton Friedman sind in den angelsächsischen Ländern im Vordringen, vielleicht bald schon auch bei uns; die roten Buchläden werden sich rechtzeitig darauf einstellen müssen. Die Vereinten Nationen, die sich an Belanglosigkeit und Unverantwortlichkeit einiges leisten, haben immerhin den Antrag des karibischen Winzlingsstaates Grenada abgelehnt, in der Vollversammlung die Frage zu debattieren, ob die Probleme unserer Welt nicht vielleicht auf Fliegende Untertassen zurückzuführen seien – Realismus könnte auch im Glaspalast am East River noch *en vogue* geraten. Ganz kann sich der Moden übrigens keiner entziehen, sowenig wie der Mode, die uns die Zunft der Schneider verpaßt; wir haben alle daran teil. Aber es stünde jedem gut an, nicht Ewigkeitswerte zu vermuten, wo nur flüchtiger Glanz die Augen blendet.

Drittens: Es gibt keine Patentrezepte und keine leichten Lösungen. Einst sollte der Freihandel der Welt das Heil bringen, dann der Marxismus. Aus beiden ist nichts geworden, weil keine Ideologie so pauschal sein kann, daß sie alle konkurrierenden und kollidierenden Interessen versöhnt. Jegliche Regelung birgt ihre eigenen Probleme oder verursacht sie sogar. Der Markt schafft Wohlstand für die allermeisten, aber auch Ungerechtigkeit für den Rest. Dem Sozialismus hingegen, der nicht in erster Linie Wohlstand bewirken will, sondern Tugend anstrebt, da er doch die »gute Gesellschaft« errichten möchte, gerät jede Wahl zwischen zweckrationalen Strategien zur Glaubensfrage; die Ketzer werden verbrannt oder verbannt. Das freilich ist eine andere, die übelste Art von Ungerechtigkeit: Unterdrückung. Im übrigen gilt heute und immerdar, im großen wie im kleinen: Sich seine Wünsche nicht erfüllen zu können, ist schlimm, doch fast so schlimm ist es, sie erfüllt zu sehen. Die Erfüllung löst einige Probleme, erzeugt jedoch andere, oft größere. Problemfreiheit gibt es nie, einen Endzustand auch nicht.

Der bleibt zu Recht der Märchenwelt der Utopien vorbehalten, nicht der realen Welt. Da trifft Leszek Kolakowskis Wort: »Die vollkommene Eindeutigkeit aller Verhältnisse können wir uns nur im Himmel oder in der Hölle vorstellen. Im übrigen ist Unklarheit das Gesetz des Lebens.«

Viertens: Die Entwürfe der Planer sind eines, ihre Ausführung etwas ganz anderes. Wie Friedrich der Große spottete, als ihm der Plan des Abbé Pierre für den Ewigen Frieden vor Augen kam: »Die Sache ist höchst praktikabel. Alles, was fehlt, damit es gelingen kann, sind die Zustimmung Europas und sonst noch ein paar Bagatellen.« Dies war der Fehler vieler Reformpläne der letzten Jahre: Sie waren fürs Papier geplant, nicht für die Praxis. Grundsätze wurden verkündet, ohne daß ihre Anwendbarkeit zunächst gesichert worden wäre. Es galt dies vor allem für die Bildungsreform – da wurden die Hochschulen geöffnet, aber der Druck auf die Institutionen, die Studierenden und die Studieren-Wollenden ins Unerträgliche gesteigert; da wurden, in jedem Bundesland anders, die Gymnasien hektisch bis zur Unkenntlichkeit reformiert, die Bildung blieb vor lauter dogmatischer Pädagogik auf der Strecke; da wurde die Bürde des Konkurrenzkampfes vor allem auf die Hauptschüler und Sonderschüler abgewälzt. Es gilt ähnlich für manches andere Feld, wo aus beabsichtigter Wohltat tatsächliche Plage geworden ist: Krankenversicherung und Rentenwesen, Scheidungsreform und Zivildienstumstellung. Oft hat das Gewollte mit dem Bewirkten wenig zu tun. Wen darf es da wundern, daß auch die Reform ihre Kinder frißt? Plötzlich entdecken die Planer, daß ihre Pläne zu unflexibel waren, als daß sie Widerstände in der Öffentlichkeit oder unerwartet auftretende Schwierigkeiten verkraften könnten. Keiner will sich zu dem schlichten Grundsatz bekennen: Planen heißt, den Zufall durch den Irrtum ersetzen. Zum Glück sind dann rasch Politologen mit handlichen Erklärungen zur Stelle – in den Vereinigten Staaten mit Theorien über *»unanticipated consequences«* gesellschaftspolitischen Handelns oder die *»untractability of problems«,* über unvorhergesehene Folgen also und die Widerspenstigkeit der Probleme; bei uns mit Verdächtigungen, daß das Rad zurückgedreht werden solle, wo es doch vor allem darum geht, es wieder auszuwuchten. Die Motive der Planer sind der breiten Masse nun einmal gleichgültig; für sie zählen nur die Ergebnisse. Sie glaubt nicht an Theorien, sie will praktische Lösungen. Wenn Theorien sie produzieren – gut; wenn nicht – Pech für die Theorien. Was wäre funktionaler, demokratischer?

Fünftens: Selbst wenn Planer und Öffentlichkeit ein Herz und eine Seele wären, zwischen ihnen stünde noch immer die Bürokratie, die darauf getrimmt ist, aus jedem Entwurf Haschee zu machen, auf daß er verdaubar werde, große Pläne in kleine Vorgänge zu zerstückeln, Gesamtzusammenhänge zu demontieren und in Tausenden von Aktendeckeln, Schubladen, Registrierschränken abzulegen.

Nicht, daß der einzelne Bürokrat – pflichtbewußter Beamte oder penibler Angestellter eines Privatunternehmens – dafür könnte. Doch die Apparate, denen er dient, sind so organisiert, daß die Zerlegbarkeit der Vorgänge zur Tugend avanciert, oft aber der vitale Elan, der allein dem ganzen Apparat Schwung und Sinn verleihen kann, ganz aus ihm verbannt wird. Die »Perfektion der Maschinerie« zerstört die elementare Kraft, der es zu ihrem Betrieb bedarf; das hat schon John Stuart Mill in seinem großartigen *Essay on Liberty* gesagt. Und der Bürokratismus räkelt seine Krakenarme in immer neue Bereiche. Die öffentlich-rechtlichen Funkanstalten haben sie bereits tödlich umklammert; nach und nach fallen ihnen – Bundespräsident Scheel hat eben davor gewarnt – auch die Parlamente zum Opfer. Das großorganisierte Dasein droht zu veröden, was lebendig ist, schöpferisch, kräftig. Wir werden verwaltet, zerwaltet – und das ist nicht das Problem einer Partei. Alle haben diese Pest am Halse.

Einsichten zwischen den Jahren. Würden sie beherzigt, es ginge etwas leiser zu in unserem Lande. Die kindische Selbstzelebrierung unserer Politiker, die sich bestätigt wähnen, wenn sie sich bis zum Erbrechen wiederholen, könnte aufhören – kindisch, weil sie in der Tat an den sensomotorischen Kreisprozeß kleiner Kinder erinnert, denen beim Sprechenlernen der akustische Reiz der eigenen Lautproduktion zu Wiederholung Anlaß gibt. Wir könnten aufhören, alles aufs Mal zu verlangen oder vieles zur falschen Zeit. Wir würden erkennen, daß nicht finstere Absicht die Handelnden leitet, sondern Nachgeben vor der Notwendigkeit; daß Korrektur nicht reaktionär ist und nicht revolutionär; daß wir auch Ziele jenseits des Möglichen brauchen, die uns inspirieren, daß aber Entmutigung daraus wachsen kann, wenn wir uns ausschließlich auf Ziele jenseits des Machbaren versteifen.

Aneurin Bevan hat einmal über Harold Wilson gesagt, er besitze *»all the facts and no bloody vision«*. Solche Leute, die das bürokratische Gütesiegel als Bierzipfel tragen, gibt es auch bei uns. Am anderen Ende des Spektrums finden sich jene, die aus lauter Vision bestehen und keinerlei Bodenhaftung mehr haben. Die Aufgabe der Politik ist es demgegenüber, immer wieder Fakten und Visionen in eine Fluchtlinie zu bringen; Risiken gegen Vorteile abzuwägen; moralischen Anspruch und kritische Einsicht miteinander zu versöhnen. Der Jahreswechsel ist ein guter Zeitpunkt, sich dessen zu erinnern – ehe uns die billigen Ereigniskampagnen und Neuigkeitsparolen wieder einfangen.

Blick zurück in die Zukunft

Ende 1978

»Was vernünftig ist, das ist wirklich; und was wirklich ist, das ist vernünftig«, schrieb Hegel in seiner *Philosophie des Rechts*. Welchem Zeitgenossen ginge dieser berühmte Satz noch ohne Stottern über die Lippen? Wohl keinem. Wo wir hinblicken, scheinen Vernunft und Wirklichkeit auseinanderzufallen. Selbstzweifel plagen uns, Vorbehalte gegenüber dem Gewordenen und dem Werdenden, und je nach Temperament Ohnmachtsgefühle oder wilde Wut. Das Wort von der Kulturkrise geht um.

Ein Wunder ist dies nicht. Das alte Jahr hat uns schlagende, erschlagende Beispiele für aushakende Vernunft und fragwürdige Wirklichkeit geliefert. Der Mord an Aldo Moro und die wahnhafte Massenschlächterei von Guyana gehören in die erste Kategorie, der Schiffbruch der *Amoco Cadiz* vor der bretonischen Küste, die Geburt des britischen Retortenbabys in die zweite; Symbole einer brutalen Verirrung die einen, Beispiele einer zum Frevelhaften drängenden Technik die anderen Ereignisse. Gewißheitsverlust, Sinnverlust, Wirklichkeitsverlust sind modische Vokabeln geworden. In vieler Augen haben sich die herrschenden Werte und Normen abgenützt wie die herrschenden Institutionen. Eine unbestimmte Sehnsucht

nach Alternativen macht sich breit – alternativen Herrschaftsstrukturen, alternativen Lebensformen, alternativen Denkweisen.
Die hundert Jahre alte Frage des Schweizer Historikers Jacob Burckhardt klingt da aufs neue höchst aktuell: »Wird der als Erwerbssinn und Machtsinn ausgeprägte Optimismus weiterdauern, und wie lange? Oder wird – worauf die pessimistische Philosophie der heutigen Zeit hinzuweisen scheint – eine allgemeine Veränderung der Denkweise wie etwa im dritten und vierten Jahrhundert eintreten?«
Die Frage des Basler Weisen lenkt uns auf eine Tatsache hin, die dem Urteil über die gegenwärtige Situation zu historischer Proportion verhelfen kann: Es hat in der Geschichte des Menschengeschlechtes schon andere Kulturkrisen gegeben – vornehmlich jene im dritten und vierten Jahrhundert, als sich der Übergang von der Antike zum Abendland vollzog, dann die zweite im vierzehnten und fünfzehnten Jahrhundert, die nach der Zerstörung der alten Dominanten die eigentliche Neuzeit hervorbrachte. Kann unsere heutige Krise sich damit an Tiefe und Schwere messen? Sind ein ähnliches Umdenken, eine vergleichbare Umwertung aller Werte, ein entsprechender Umbau der Herrschaftsstrukturen zu erwarten? Schließlich: Gibt es heute überhaupt wirkungsträchtige Alternativen? Der Blick in die Vergangenheit kann hier in der Tat ein »Blick zurück in die Zukunft« sein, um das nur oberflächlich paradox wirkende Motto einer Tutzinger Tagung über Geschichte und Geschichtsverständnis aufzugreifen.
Über den großen Umbruch in der ersten Hälfte des ersten Jahrtausends gibt immer noch Edward Gibbon am verläßlichsten und am spannendsten Auskunft. In seinem

Werk »Der Untergang des Römischen Weltreiches« malt er ein atemberaubendes Bild der alten Zustände, ein Bild der Zerrüttung und des Verfalls. Das Ansehen der Gesetze ist geschwächt, die Zügellosigkeit des Heeres, das Kaiser nach Belieben macht und dahinmacht, ohne Grenzen – heute würden wir sagen, die politische Ordnung durchlief eine Legitimationskrise. In Italien herrscht immer wieder Bürgerkrieg, in den Provinzen Empörung; und an allen Rändern des Imperiums stoßen die Barbaren noch, was doch längst im Fallen begriffen ist. Hungersnöte überziehen das Land, Teuerung laugt das Volk aus, Unglauben und Aberglauben machen sich breit. Zu allem Übel schlägt 250–265 auch noch die Pest zu und rafft eine Hälfte der Menschen im römischen Erdkreis dahin.
Und da entschließt sich Kaiser Konstantin, 312 mit seinem Toleranzedikt, das Zeichen des Kreuzes auf seine Fahne zu setzen, die Religion der Christen nach vielen Verfolgungen zur Staatsreligion zu machen. Außerdem gründet er die Stadt Konstantinopel und das oströmische Reich. Im Westen ersteht aus der Kraft der Kirche im Verbund mit der Kraft der Barbaren allmählich das Abendland. Nicht freilich, ohne daß sich zuvor die germanischen Stämme zur Erbübernahme des Imperiums anstatt zu seiner Zerstörung entschlossen hatten; auch nicht, ohne daß die Kirche den Glauben an die baldige Wiederkunft Christi aufgab, sich veralltäglichte, sich zur Diesseitigkeit wandte und bei aller fortdauernden Heilsverkündung zunächst doch einmal Sorge trug, ihren Gläubigen schon auf Erden eine sichere Stätte zu bieten. Es war dies die erste Zeitenwende.
Die zweite Zeitenwende bahnte sich tausend Jahre später an, in jenem verwirrenden, verworrenen vierzehnten Jahrhundert, das uns Barbara Tuchman im schönsten

Buch des Jahres 1978 als »fernen Spiegel« vorhält (*A Distant Mirror. The Calamitous 14th Century)*. Auch damals ging es wieder drunter und drüber. Gewalt und Ungesetzlichkeit nahmen überhand; das Brigantentum blühte; Mißherrschaft prägte allenthalben die Epoche; das Kirchenschisma verdeutlichte, daß der Legitimationsverlust die geistlichen wie die weltlichen Instanzen traf. Kriege und Aufstände zerfetzten das Gewebe der Zivilisation, Endzeit-Heilslehren, Hexenwahn und Zauberglauben zersetzten die Religion. Wiederum schlug die Pest zu: 1348–50 fiel ihr ein Drittel aller Menschen zwischen Indien und Island zum Opfer. Kreuzzüge, Geißlerfahrten und Veitstänze enthüllten die epidemischen Psychosen der Zeit. Die Menschen übertäubten ihre Ängste in einer krampfhaften Jagd nach Besitz und Genuß, in einer trunkenen Daseinsbejahung, die sich in Totentanz-Darstellungen wie jener der Lübecker Marienkirche als ein Taumel zum Grabe hin verriet.

Der vorwaltenden Weltuntergangsstimmung zum Trotz ging die Welt nicht unter. Wohl gab es einen Zusammenbruch des Systems – wie stets, bemerkt Barbara Tuchman, wenn die Kluft zwischen den Idealen und der Wirklichkeit zu groß wird. Aber in Wahrheit kündete der Tumult geradezu einen neuen Weltaufgang an: den der modernen Welt. Es ist eine Welt, in der das Individuum, der forschende Mensch, in seine Rechte eingesetzt wurde; in der eine neue Diesseitigkeit entstand und die Arbeit als Inhalt eines aktiven irdischen Lebens von Luther, Calvin, ja selbst der Gegenreformation gesegnet wurde; in der natürliche Sinnenfreude nicht mehr zur Sünde gestempelt werden mußte, sondern als Selbstverwirklichung gelebt werden durfte.

»Wenn die vergangenen zehn oder zwanzig Jahre, da so

viele unserer Grundannahmen erschüttert worden sind, eine Periode ungewöhnlichen Unbehagens waren«, so resümiert die Historikerin, »dann liegt Trost in der Erkenntnis, daß die Menschheit schon Schlimmeres überlebt hat.« Ist ihr Optimismus gerechtfertigt?

Zunächst einmal ist schwerlich zu bestreiten, daß auch wir Heutigen eine Kulturkrise durchleben. Es ist ja nicht nur der Glaube ans Transzendente weithin zerstört. Unter die Räder gekommen ist mittlerweile auch der profane Glaube an den Fortschritt, an eine sinnvolle historische Entwicklung auf der Grundlage der modernen Wissenschaft und Technik; dafür haben zu viele schon enttäuschende Erfahrungen gemacht oder glauben doch, sie gewärtigen zu müssen. Das Atom als virtuelle Unheilsquelle ersetzt dabei die Pest als reelle; aber ebenso viele andere Erscheinungen unserer Zeit erwecken den Abscheu der Mitlebenden, zumal vieler Jugendlicher: die Ausplünderung unserer Erde, die Umweltverschmutzung, die Unfähigkeit zu wirksamer Entwicklungshilfe.

Das Unbehagen drückt sich in vielfältiger Form aus. Dazu gehören gleichermaßen Studentenrevolte und Systemverweigerung, Terrorismus und Drogengenuß und faustische Arbeitswut. Dazu gehört die Anfälligkeit für Sekten, Kulte und Okkultes ebenso wie der Ausbruch in die Utopie einer konfliktlosen, herrschaftsfreien Ordnung. Und dazu gehört schließlich der Zweifel daran, ob unser Wertsystem noch stimme; ob Werte und Normen noch aufeinander paßten; ob nicht eine »Große Erneuerung« fällig sei.

Auch fehlt es nicht an Argumenten, mit denen sich die ganz neue Qualität der Krise gegenüber allen vorangegangenen belegen läßt. Da ist erstens der *Gewißheitsver-*

lust durch die ungeheure Beschleunigung aller Entwicklungsprozesse, die heute in der Spanne einer Generation mehr Wandel bewirkt als früher in ganzen Epochen. Da ist zweitens ein *Bindungsverlust* festzustellen, der sich aus dem Aufbrechen des Familienzusammenhangs und der Eingliederung des Individuums in ein unüberschaubares, undurchschaubares großorganisiertes Dasein ergibt. Da ist drittens ein *Sinnverlust* bei allen zu vermelden, die den Widerspruch empfinden zwischen der Funktionsrationalität der Industriegesellschaft und den Möglichkeiten autonomer Selbstverwirklichung. Und da ist viertens der *Verlust an Rechtfertigungsfähigkeit* unseres Systems angesichts eines Generationenbruchs zu konstatieren, wie es ihn in solcher Schärfe noch niemals gegeben hat; die Vorbild-Wirkung der Älteren schrumpft in der modernen Familie auf ein Minimum; die Schule, oft genug jedenfalls, sozialisiert nicht, sondern antagonisiert, indem sie verdammen lehrt, ehe sie verstehen gelehrt hat; die Universität blendet sich weithin aus dem Wertsystem der älteren Generation aus und führt ein frustriertes Dasein in einer Gegenwelt.

Die Symptome der Krise sind unleugbar. Doch sind wir deswegen schon zum Untergang verurteilt wie das Rom des Diokletian oder das hohe Mittelalter?

Eines spricht dagegen: Unser Wertsystem ist noch weithin intakt. Darüber darf auch der Parteienstreit um die Grundwerte nicht hinwegtäuschen: Alle respektieren die gleichen. Richard Löwenthal hat sie einmal so aufgezählt: Glaube an die Vernunft im Sinne des Glaubens an eine rationale Ordnung der Welt; Bejahung der Einzigartigkeit der menschlichen Person und damit der Menschenrechte des einzelnen; Anerkennung des bindenden Charakters freiwillig eingegangener – nicht nur blutsgegebener – Gemeinschaften; Notwendigkeit einer Rechtsordnung zur Grenzziehung zwischen Individuum und Gemeinschaft; eine Auffassung der Arbeit als Sinnerfüllung des Lebens und nicht nur als notwendiges Übel. Jeder Parteiendisput über diese Grundwerte wäre müßig. Moraltheologen und Philosophen mögen sich darüber die Köpfe heißreden – zwischen politischen Organisationen kann höchstens strittig sein, wie die Werte in Normen umgesetzt und wie sie umgedeutet werden müssen angesichts des rapiden Wandels.

Ein weiteres kommt hinzu. Es gibt, mindestens für liberal denkende Demokraten, keine akzeptable Alternative zu diesem Wertsystem und der darauf beruhenden Ordnung (wobei es sich gleichbleibt, ob dieses System gottbezogen im Transzendenten verankert ist oder im ganz ausschließlichen Bezug auf den Menschen in einer diesseitigen Ethik). Eine neue Priesterschaft, eine auf das Monopol psychischen Zwanges gestützte Hierokratie (Max Weber), kann und darf niemand wollen, zumal ohnedies dahingestellt wäre, welches Lager denn die neuen Hierokraten stellte. Die Suche nach Wahrheit ins Zentrum der Politik zu rücken, nicht länger den Verfolg des Glücks, könnte nur in einer Tyrannis enden. Glücksvorstellungen sind mehrheitsfähig und kompromißfähig, die Wahrheit nicht; und letztlich liefe alles auf die alte Frage des Thomas Hobbes hinaus: *Quis judicabit?* Im Bezirk des Politischen muß jede Wahrheit dem Wettbewerb ausgesetzt bleiben, wenn die Freiheit überleben soll.

Nein, eine erträgliche Antwort kann nicht außerhalb des Systems liegen. Sie muß es auch nicht. Das kulturelle Unbehagen rührt aus dem Zweifel daran, daß der Mensch die Probleme des Menschen noch zu lösen vermöge. Dieser Zweifel läßt sich nur ausräumen, wenn der Gegenbeweis angetreten wird. Er liegt in der schöpferischen Lösung der Probleme, die uns zu schaffen machen – in Lösungen, bei denen es am Ende »keine Rolle mehr spielt, wer recht hat« (Erich Fromm). Nur darin liegt Rettung: daß wir der Vernunft politische Mehrheiten schaffen, damit sie die Wirklichkeit prägen kann. Lärmender, lähmender Kulturpessimismus muß die Katastrophe näherbringen, die er bejammert. Der Versuch, die Schwierigkeiten zu meistern, stärkt das Selbstvertrauen, das sie abwendet. Noch ist Zeit dazu, noch ist nicht Zeitenwende.

Die achtziger Jahre: Visionen und Revisionen

Ende 1979

Das Jahrzehnt der Siebziger empfiehlt sich, T. S. Eliots Welt-Ende gleich, »nicht mit einem Knall: mit Gewimmer«. Die große Gebärde des Aufbruchs, die am Beginn der Dekade stand, ist verkümmert zu einer erschrockenen Geste des Kleinmuts. Wo am fernen Horizont ein neues Jerusalem zu locken schien, sind zehn Jahre später bloß Unwirtlichkeiten, Unerschwinglichkeiten und Unbill auszumachen. Ein dumpfes Gefühl von Weltwende hat die Zeitgenossen ergriffen, eine »Stimmung von Gefahr«, wie sie Karl Jaspers vor fünfzig Jahren diagnostizierte, ein entsetztes, zuweilen freilich auch mit dem Entsetzen kokettierendes Ahnen von Unheil und Untergang.

Nirgendwo läßt sich der Umschwung des Empfindens treffender ablesen als an zwei künstlerischen Hervorbringungen der Epoche. Die siebziger Jahre begannen damit, daß das Musical »Hair« den Anbruch des *Age of Aquarius* bejubelte, die Heraufkunft jenes lichten Wassermann-Zeitalters, in dem Reform triumphiert, Menschlichkeit und Wissenschaft sich versöhnen, Liebe den Lauf der Sterne bestimmt. Steht erst der Mond im siebten Haus, hieß die Botschaft, bricht die Menschheit zu neuer Herrlichkeit auf. Die Wassermann-Apotheose spiegelte den

Überschwang, das ungebrochene Zukunftsvertrauen, die diesseitige Heilsgewißheit der Damaligen. »Hair« trat seinen Siegeszug über die Welt an; Haar – langes Haar – wurde zum Sinnbild der Freiheit und Grenzenlosigkeit, die eine ganze Generation beanspruchte.
Zehn Jahre später, am Ausgang des Jahrzehnts, setzte John Neumeier mit dem Ballett der Hamburger Staatsoper ein gänzlich anderes Weltgefühl in Szene: »Zeitalter der Angst« nach W. H. Audens melancholischem Gedicht auf die Leere des inneren Menschen unserer Zeit. *Engel mit Heimweh* nach einem *Zustand vorgeschichtlichen Glücks* tanzen da über die Bühne, *heiter und mutlos;* verzweifelnd am Leben: *Einsam also ist der Weg des Menschen / seine grünsten Gefilde sind voll von Gespenstern / seine Utopien zielen auf ewige Jugend / oder sein Selbst zu vernichten;* teilhaftig düsterer Gewißheiten angesichts *einer Zeit der Zerreißung;* ratlos die Wüste querend: *Wir sind völlig im dunkeln, wir kennen nicht / die Verbindung zwischen der Uhr, der wir zu folgen haben, und dem Wunder / an welchem wir nicht verzweifeln dürfen;* am Ende ohne jede Hoffnung: *»Wir lassen uns lieber zerstören als ändern / wir sterben lieber in unserem Grauen / als daß wir uns dem Augenblick stellten / und von unseren Illusionen ließen.«*
Keine Apotheose mehr, statt dessen Apokalypse – *Apocalypse Now* füllte die Kinos. Gruselndes Vergnügen an literarisch verklärter Untergangssehnsucht – das auf Sterbeszenen und Tafeleien eingedickte Buddenbrook-Epos zog das Publikum vor die Fernsehschirme. Der Band 1000 der *edition suhrkamp* – Stichworte zur »Geistigen Situation der Zeit« – ist zum Bestseller geworden; er enthält neben vielen tiefschürfenden Analysen vor allem viel Beweinung vereitelter – eitler? – Hoffnungen.

Woher der Umschwung? Die siebziger Jahre sind ja gewiß ein Jahrzehnt der Verwerfungen gewesen, aber ein Jahrzehnt des Unheils waren sie nicht.

Der Große Orlog, den so viele prophezeiten, der Dritte Weltkrieg zwischen Ost und West, ist ausgeblieben; die alten Staaten der Erde haben die längste Friedensperiode ihrer Geschichte erlebt. Auch der Krieg der Dritten Welt gegen die Erste und die Zweite, immer wieder geweissagt, ist ausgeblieben; der Umverteilungsfeldzug der jungen Staaten, der Habenichtse der Erde, ist fürs erste in Resolutionen steckengeblieben. Bei allen fortwirkenden Schwierigkeiten in den Ost-West-Beziehungen wie im Nord-Süd-Verhältnis: Wir können Frieden konstatieren.

Wohl herrschte Frieden nicht überall. In Nahost wurde 1973 aufs neue gekämpft; der Libanon, einst eine Idylle inmitten so vieler Blutfehden, wurde zur Ruine eines Staates geschossen; in Indochina triumphierte nach dem Abzug der Amerikaner die ausgreifende Gemeinheit der vietnamesischen Sieger – Quelle unsäglichen menschlichen Elends wie unabsehbarer weltpolitischer Komplizierungen; Afrika wurde von Krisen und Kriegen erschüttert. Aber aus dem letzten arabisch-israelischen Krieg sprossen die ersten Keime des Friedens. In Indochina setzt die Erschöpfung der Vormacht Vietnam ihrem Ehrgeiz Grenzen, allerdings auch der Behauptungswille der Asean-Anrainer, deren Gruppierung ständig an Gewicht gewinnt. Sogar im südlichen Afrika erwies sich der Wille zum Kompromiß als stärker denn die Treiberei zum Konflikt.

Im übrigen sind im Gebäude der Weltpolitik einige tragende Streben auf nützliche Weise verstärkt worden. Die

Europäische Gemeinschaft hat sich erweitert; sie hat sich – Parlament, politische Zusammenarbeit, Währungssystem – eine Innenausstattung der Macht zugelegt, die den Integrationsschwung belebt; und sie hat trotz vieler aktueller Reibungen mit dem amerikanischen Partner den Draht nach Washington verstärkt. Der Sturz der Autokraten in Griechenland, Portugal und Spanien sichert nicht nur die Mittelmeerflanke der Gemeinschaft, er bezeugt zumal die Lebensfähigkeit und die Durchsetzungskraft der so oft totgesagten demokratischen Idee – wie ja auch manche ermutigende Entwicklung zur Freiheitlichkeit hin in Lateinamerika und Afrika. Zugleich hat sich China nach einem Jahrzehnt anarchistischer und fremdenfeindlicher Binnenwendung wieder voll in den Verkehr der Völker eingegliedert; seine neue Führungsriege sucht die Wahrheit jetzt ebenfalls in den Tatsachen, nicht mehr in unumstößlichen Dogmen.

Auch eine Bilanz der Innenpolitik liefert zur Griesgrämigkeit keinen Grund. Wie Ralf Dahrendorf zutreffend festgestellt hat: »Die Fortschritte der Modernität sind außerordentlich. Nie zuvor haben so viele Menschen so große Lebenschancen gehabt. Das Wirtschaftswachstum ist nicht darum schlecht, weil es Widersprüche hervorgebracht hat, und dasselbe gilt auch für Chancengleichheit, Demokratie, Wissenschaft. Am Gewinn, den die Modernität gebracht hat, ist nur dann ein Zweifel möglich, wenn man letztlich nicht an menschlichen Lebenschancen interessiert ist.«
In der Tat überstrahlen die Erfolge der Reformpolitik ihre Mißerfolge, wenngleich sie seltener in den Schlagzeilen auftauchen. Das soziale Netz, in den vergangenen zehn Jahren enger geknüpft, hat viele Strauchelnde aufgefan-

gen, die in früheren Zeiten in die Bodenlosigkeit des unversorgten Daseins gefallen wären. Es hat auch eine wirksame Abschirmung geschaffen gegen die Versuchung zum politischen Extremismus, wie sie in Zeiten wirtschaftlicher Unsicherheit stets erwächst. Beides zusammen wiegt schwerer als die unleugbar Tatsache, daß manche es sich in den Maschen dieses Netzes auf Kosten der Allgemeinheit bequem gemacht haben; das diesbezügliche »freie Unternehmertum« der kleinen Leute belegt – ebenso wie Regelverstöße der wirtschaftlich Kräftigeren – die Schwächen des Systems, aber dementiert nicht seine Stärken. Der Wohlfahrtsstaat hat den Kapitalismus akzeptabel gemacht, die Proletarier in Staatsbürger verwandelt. Das Ergebnis: Unsere politische Ordnung hat in dem hinter uns liegenden Jahrzehnt manchen schweren Rumpler überstanden.

Der Übergang von Willy Brandt auf Helmut Schmidt ging ohne das leiseste Stocken und ohne die mindeste Erschütterung vor sich; die Westdeutschen hatten das Glück, daß jeweils der richtige Mann zur rechten Zeit sich einstellte (wie denn auch anderswo das Jahrzehnt mehr tüchtige Leute ans Ruder brachte, als im politischen Würfelspiel erwartet werden durften). Die soziale Marktwirtschaft und, ihr zugeordnet, das freie Zusammenwirken der Tarifpartner, sind mit dem Zerbrechen des Bretton-Woods-Systems, der rasanten Aufwertung der Mark wie der brisanten Ölpreiserhöhung fertig geworden, obendrein mit Inflation und Arbeitslosigkeit; die vielfach vorausgesagten verschärften Verteilungskämpfe haben nicht stattgefunden. Der Terrorismus, die größte Herausforderung des Jahrzehnts, lief sich an einer Republik tot, die entschlossen und elastisch reagierte und nicht das Gesetz der Freiheitlichkeit verriet, nach dem sie angetreten ist.

Überhaupt hat sich in der ganzen westlichen Welt das Gespenst der »Unregierbarkeit« wieder verflüchtigt. Jahrelang war es von Leuten an die Wand gemalt worden, die gern die Schwierigkeiten des Augenblicks genutzt hätten, die Demokratie in den Schwitzkasten zu nehmen. Amerika überstand Watergate; der Eurokommunismus in Frankreich und Italien verfiel 1978 dem Spruch der Wähler und ist seitdem nur noch ein Schemen seiner selbst; in Großbritannien bewies der Souverän, das Volk, Willen und Fähigkeit zum Wandel; überall wurde, wenngleich holpernd und nicht ohne Not, die Behandlung der Kernenergiefrage in den demokratischen Entscheidungsprozeß eingebunden. Unregierbarkeit? Sie blieb Schimäre.

Woher aber rührt dann die gespaltene Signatur des Jahrzehnts, woher rühren die Zeichen der Beunruhigung, ja Verzweiflung? Drei Ursachen drängen sich auf.
Zum ersten: Die Dinge haben ein irritierendes Beharrungsvermögen. Gemessen am Möglichen und Machbaren ist vieles gelungen, gemessen am Denkbaren oder Wünschenswerten indes wenig genug. Überdies ist alles Erreichte vorläufig, es muß ständig verteidigt, befestigt, neuen Spontaneitäten angepaßt werden. Die Entspannung zwischen Ost und West: steckengeblieben in den systemimmanenten Unmöglichkeiten weiterer Annäherung, anheimgefallen der Routine bürokratischer Großveranstaltungen. Abrüstung und Rüstungskontrolle: begraben unter Konferenzpapieren, eingeschreint in Verträgen wie SALT I, SALT II, deren jeder nur ein Winziges an Rüstungsverminderung bringt, gleichzeitig jedoch Rüstungsschübe von makabrer Ungeheuerlichkeit bewirkt. Die Besserung des Nord-Süd-Verhältnisses: vereist durch

die Anspruchsmentalität der Unterentwickelten und den Abwehrreflex der Entwickelten. Ein Wiederaufleben des Kalten Krieges ist nach einer Dekade Détente nicht mit Sicherheit auszuschließen. Ebensowenig ein Klassenkampf der Völker in der Schlachtordnung Süd gegen Nord; der Ausbruch Irans aus der Moderne, sein Aufbegehren gegen die Verwestlichung unter dem Ajatollah Chomeini erscheint da vielen als Vorbote kommender Konflikte.

Zum zweiten: Der alte Adam ist nicht umzubringen. Das konsterniert in erster Linie jene linken Intellektuellen, die für den Aufbruch der frühen siebziger Jahre die Drehbücher geschrieben hatten. Die Wirklichkeit kam ihnen ins Gehege, die bald schon eine Hinwendung zum entschlossenen Pragmatismus verlangte, den Mut zum Durchwursteln, eine Absage an die Utopie. Die Orientierungsrahmen zerbrachen, und die Glaskugeln erblindeten, in denen sich die Zukunft hätte spiegeln sollen. Doch auch die Menschen hielten sich nicht an die Drehbücher. Die Intellektuellen hatten die Kunst, das Theater, die Literatur politisieren, ja proletarisieren wollen, aber die Künstler wärmten sich nur kurze Zeit an dem ideologischen Strohfeuer, dann traten sie den Rückweg nach innen an, ins Individuelle, ins Private, ins Abseits der eigenen Probleme, Gespinste, Lüste. Die Studenten taten es ihnen gleich, die Jugendlichen, die Umgetriebenen aller Sorten und Kaliber. Die Mehrheit wünschte keine Kulturrevolution, der Ideenvorrat an linker Reform und Utopie verstaubte in den Taschenbuch-Regalen. Wer nach der Mitte des Jahrzehnts noch protestieren wollte, tat dies von rechts oder aber durch »Aussteigen«. Die »Tendenzwende« spülte die Philosophen der Rechten, die *Neo-Conservatives*, die *Nouvelle Droite* in die Schlagzeilen;

das ökologische Krisenbewußtsein brachte den Typ des Verweigerers hervor, der weniger die Gesellschaft als sein eigenes Leben zu reformieren trachtet: eine Alternative auch zur Predigt der ergrauten marxistischen Theoretiker. Ihre Wahrheiten haben plötzlich kein Monopol, finden kein Gehör mehr; dies kränkt sie. Der Kulturpessimismus unserer Tage ist zum guten Teil der Ausfluß ihrer Malaise.

Zum dritten: Die Entwicklung der Naturwissenschaft hat uns an einen Punkt geführt, wo ihre Segnungen weniger deutlich in Erscheinung treten als ihr Fluch. Die Kinder des Prometheus sind ratlos, ja verängstigt. Sie reden mehr über die Grenzen der Wissenschaft als über deren Möglichkeiten, mehr über ihre Gefahren als über ihren Nutzen. Die Verheißung der modernen Technik ist in Bedrohlichkeit umgeschlagen – weil sie ferner in die Zukunft wirkt als jemals zuvor; weil sie Unumkehrbarkeiten schafft; weil sie die Existenz und das Wesen des Menschen aufs Spiel setzt. Ein anderes Wort von T. S. Eliot ist unversehens aktuell geworden: *»All our knowledge brings us nearer to our ignorance«* – je mehr wir die Grenzen unseres Wissens erweitern, desto größer wird auch unsere Unwissenheit, desto katastrophaler die Gefahr, die sie birgt. Was die Menschen beunruhigt, ist ein Doppeltes: einerseits, daß es nicht weitergehen könnte, daß wir tatsächlich das »Ende der Fahnenstange« erreicht haben (um ein Schlagwort zu zitieren, das wie kein anderes das Bewußtsein des abgelaufenen Jahrzehnts kennzeichnet); andererseits, weil es vielleicht doch weitergeht – in vermutete oder real existierende Abgründe.

Und nun? Die achtziger Jahre werden schwierig werden – »haarig« in einem ganz anderen Sinne als dem des Musicals von ehedem. Wir müssen die Entspannung mit dem Osten sichern und erweitern. Wir müssen ein neues Verhältnis finden zur Dritten Welt, die uns sonst mit Krieg oder Terror bedrängen mag, um wirtschaftliche Tribute zu erzwingen. Wir müssen die Gefahren bändigen, die in der unverantworteten Fortentwicklung der Wissenschaft liegen. Und wir müssen dafür, wie Hans Jonas in einem der anregendsten Bücher des Jahres 1979 sagt (»Das Prinzip Verantwortung«), eine neue Ethik schaffen: Maßstäbe für die Zukunft, an die wir uns binden, damit wir die Gegenwart mit Anstand bewältigen. Mit Anstand: in verantwortbarer sittlicher Haltung; mit dem Ziel, »dem Menschen die Unversehrtheit seiner Welt und seines Wesens gegen die Übergriffe seiner Macht zu bewahren«; in der Absicht, der Zukunft in den herrschenden Gremien einen Sitz zu verschaffen.

Bisher sind nur die Fragen gestellt, nicht die Antworten gegeben (auch nicht von Hans Jonas, im Konkreten nicht einmal skizzenhaft). Wir werden uns wiederum binden müssen; selbst Liberale wie Ralf Dahrendorf verlangen, daß den Optionen abermals Ligaturen zugesellt werden, Bindungen also den Wahlmöglichkeiten. Wenn dies die »Wiederkehr des Heiligen« voraussetzt, wie Jonas und Dahrendorf übereinstimmend meinen, so ist das gewiß nicht als neue Unterwerfung unter religiöse Dogmen gedacht: Zuversicht, die nicht aus purer Berechnung stammt, kann aus Gottvertrauen fließen, aber auch aus einem diesseitig verankerten Ethos, welches das sittlich Gute vom Frevel am Menschengeschlecht zu unterscheiden weiß.

Die marxistischen Utopien werden uns im anhebenden Jahrzehnt so wenig helfen wie jene konservative Tendenzwenden-Philosophie, deren Zukunft aus lauter Vergangenheiten besteht. In den achtziger Jahren wird uns die Anstrengung neuen Denkens auferlegt sein – eines Denkens, das über Fahne und Fahnenstange hinausreicht und das dem Prinzip Hoffnung das Prinzip Verantwortung zur Seite stellt. Es muß nicht *a priori* der Unheilsprophezeiung mehr Gewicht beimessen als der Heilsprophezeiung. Wohl aber muß es das Übel benennen, um das Gute zu retten. Die großartige Gebärde des Aufbruchs taugt dafür so wenig wie die Geste des Kleinmuts.

Die achtziger Jahre? Eliots Zeilen passen auf sie: *Time for you and time for me / and time yet for a hundred indecisions / and for a hundred visions and revisions*. Was wir brauchen werden, ist eben dies: der Mut zu beidem – zu Visionen, aber auch zu Revisionen.

Weltpolitik 1980:
Wetterumschwung oder Klimasturz?

Ende 1980

In der Weltpolitik ist 1980 das Wetter umgeschlagen. Als die Sowjets vor zwölf Monaten über Afghanistan herfielen, wurde es mit einem Male kalt und stürmisch. Erinnerungen an den Sommer 1914 trieben viele Zeitgenossen um; ein bewaffneter Zusammenstoß der beiden Supermächte rückte zum erstenmal seit der Kubakrise von 1962 wieder in die Zone des Denkbaren. Das Ost-West-Barometer sank vollends unter Normal, als während des polnischen Herbstes die Besorgnis aufkam, der Kreml werde die Rote Armee auch noch gegen den aufmüpfigen westlichen Nachbarn in Marsch setzen.
Beides schleppen wir über die Schwelle des neuen Jahres: die Erbitterung über Afghanistan wie die Besorgnis wegen Polen. Wenn es schlimm kommt, wird nicht nur ein Wetterwechsel zu beklagen sein, sondern ein nachhaltiger Klimasturz.

Seit 1945 haben die Völker im Ost-West-Verhältnis schon eine Reihe von Umbrüchen erlebt. Vier Phasen lassen sich unterscheiden:
1945–47. Knappe zwei Jahre lang bestimmte die Illusion der »Einen Welt« die Politik: die fortwirkende Hoffnung

Roosevelts auf »Uncle Joe« Stalin und seine Bereitschaft zu fairer Zusammenarbeit mit Amerika.

1948–62. Anderthalb Jahrzehnte herrschte der Kalte Krieg. Die Russen begnügten sich nicht damit, daß ihnen Osteuropa in Jalta als Sicherheitssphäre zugesprochen worden war, sondern verlegten sich nun auf eine brutale Gleichschaltung; die Staaten in ihrem westlichen Vorfeld wurden zu Satelliten. Zweimal versuchten die Sowjets, Berlin zu vereinnahmen: 1948/49 und 1959–62. Im Herbst 1962 forderte Chruschtschow die Vereinigten Staaten direkt heraus, indem er auf Kuba sowjetische Mittelstrekkenraketen stationierte. Nato und Warschauer Pakt entstanden in jenen Jahren, »Eindämmung« war im Westen die Parole.

1963–68. Aus der Konfrontation in der Karibik wuchs vorübergehende Entspannung. Kennedy verkündete im Juni 1963 seine »Friedensstrategie«, kurz danach wurde das amerikanisch-sowjetische Atomteststopp-Abkommen unterzeichnet. Aber der Ansatz zur Zusammenarbeit verkümmerte in dieser Zwischenphase wieder: 1963 fiel Kennedy in Dallas den Kugeln des Mörders zum Opfer, ein Jahr später Chruschtschow im Kreml der Verschwörung seiner Gegner. Der Nachfolger im Weißen Haus verrannte sich in den Dschungeln Vietnams, der Nachfolger im Kreml brauchte einige Jahre, um sich unangefochten an der Spitze zu etablieren.

1969–79. Zu Beginn der siebziger Jahre entstanden die vertraglichen Strukturen dessen, was seitdem »Entspannung« heißt. Die Supermächte billigten einander Parität zu und schlossen ein erstes SALT-Abkommen zur Begrenzung der Raketenrüstung ab; noch im Juni 1979 setzten Carter und Breschnjew in der Wiener Hofburg ihre Unterschrift unter SALT II. In Europa aber wurde ein Modus vivendi auf der Grundlage des territorialen Status quo und des Gewaltverzichtes ausgehandelt, der die Trennlinie zwischen den Blöcken politisch ruhigstellte und sie zugleich für die Menschen durchlässiger werden ließ. Die Bonner Ostverträge und das Viermächteabkommen über Berlin, 1975 in Helsinki abgesegnet durch die 35 Teilnehmer der Konferenz über Sicherheit und Zusammenarbeit in Europa, setzten einen Schlußpunkt zugleich hinter den Zweiten Weltkrieg und den Kalten Krieg alten Stils.

Von Anfang an lag auf der Hand, daß Entspannung nur eine Eingrenzung des Ost-West-Konfliktes bewirken konnte, nicht sein völliges Verschwinden. Sie konnte nicht die unterschiedlichen Interessen der Mächte aufheben, auch nicht ihre grundlegende Rivalität. Insofern war manche Enttäuschung wohl unausbleiblich: im Westen, weil die Entspannung nur ein beschränktes Hineinwirken nach Osteuropa gestattete und dort statt Lockerung, Liberalisierung, Laisser-faire überall verschärfte Abgrenzung betrieben, Kritik unterdrückt und jede freiheitliche Regung selbst marxistischer Färbung niedergeschlagen wurde; im Osten, weil sich die Hoffnung auf die wirtschaftlichen Benefizien der Entspannung nicht erfüllte und auch die Zusage weltpolitischer Ebenbürtigkeit keineswegs die Billigung sowjetischen Wilderns in der Dritten Welt einschloß.
Ebenso war es von Anfang an unzweifelhaft, daß drei Faktoren sich negativ auf die Entspannung in Europa auswirken könnten: der verstärkte ideologische Klassenkampf der Kommunisten gegen den Westen; die Fortdauer der Großmachtkonkurrenz außerhalb Europas; schließlich die nie auszuschließende Möglichkeit spontaner Eruptionen im Ostblock.

Mit den Beschimpfungen aus dem Munde kommunistischer Ideologen könnte der Westen leben, solange es sich dabei um rein rituelle Übungen handelt – obwohl es gewiß einige Überwindung kostet, mit östlichen Militärs über Rüstungskontrolle zu verhandeln, die sonst ihren jungen Rekruten unbändigen Haß auf den imperialistischen Klassenfeind einbleuen, oder dem bankrotten System des »realen Sozialismus« mit Krediten und westlicher Technologie unter die Arme zu greifen, während dessen unfähige Verwalter über den Kapitalismus höhnen und zetern.

Schwerer wiegt die Auseinandersetzung in den fernen Regionen der Dritten Welt. Dort ist der Kreml von dem Augenblick an, da der europäische Ausgleich gelungen war, mit rüder Hemdsärmeligkeit aufgetreten. Es ist müßig, darüber zu streiten, ob Breschnjew damit Kompensation suchte für das Wohlverhalten, das ihm die Entspannungsverträge in Mitteleuropa auferlegten, oder ob er in erster Linie die Gelegenheit nützte, die ihm Amerikas ruhmloser Rückzug aus Vietnam eröffnete, der ja zugleich die Flucht war in eine aus der materiellen und moralischen Erschöpfung genährte Attitüde außenpolitischer Enthaltsamkeit.

Die massive Einmischung der Sowjets begann jedenfalls im Jahr der Schlußakte von Helsinki und des Falls von Saigon. Mit Äthiopien ging es weiter, dem Jemen, überhaupt dem Horn von Afrika. Afghanistan erschien dann vielen nicht bloß als eine sowjetische Fehlleistung aus Einkreisungsangst oder als Ausfluß eines ans Abenteurertum grenzenden expansiven Opportunismus, sondern als gezielte Aktion im Vollzug eines langfristig angelegten geopolitischen Ausgreifens.

Die dritte Gefahrenquelle ist die bedrohlichste: die Möglichkeit spontaner Ausbrüche im Ostblock. Es hat gewaltsame Eruptionen in der Vergangenheit gegeben: in der DDR 1953, in Ungarn 1956, in Polen 1956, 1970, 1976 und nun erneut 1980, in der Tschechoslowakei 1968; sogar im moskauhörigen Bulgarien mußten 1965 rasch eingeflogene sowjetische Polizeitruppen einen Putsch niederschlagen. Es wird derlei Ausbrüche auch in Zukunft geben – solange die Sowjets ihrer Sicherheitssphäre Konformität des Denkens und Uniformität des Handelns aufpfropfen und solange die Reformunfähigkeit des Systems die Wirtschaftsmisere verewigt. Darin liegt heute in Wahrheit die größte Gefahr für den Frieden in Europa.

Zur Signatur der Lage im Jahre 1980 gehörte es, daß alle drei Risiken, mit denen die Entspannung von Anfang an behaftet war, sich auf einmal realisierten. Die ideologische Offensive des Ostens wurde angeheizt; dem Geist der Zusammenarbeit bekam das nicht. Der sowjetische Vorstoß an den Hindukusch komplizierte das Vorhaben, periphere Spannungen nicht auf die Entspannung in Europa durchschlagen zu lassen; dafür liegt Afghanistan zu dicht an der lebenswichtigen Ölader der demokratischen Industrienationen. Die Drohung einer sowjetischen Intervention in Polen unterspülte das Fundament des Vertrauens in die Haltbarkeit des europäischen Friedens.

Wie nimmt sich die Welt am Ende des Scharnierjahres 1980 aus?

In den Vereinigten Staaten hat sich eine neue Trutzigkeit breitgemacht. Vom Verzagen an der Macht, Folge des Vietnamtraumas, ist nicht mehr viel übrig geblieben, weltpolitische Enthaltsamkeit ist passé. Die neuen Parolen heißen *revitalization, resurgence, renaissance:* Stärkung,

Wiedererstehung, Wiedergeburt. Amerika will aufs neue Flagge zeigen; Muskel ist ebenfalls wieder gefragt. Die westliche Vormacht hat es satt, sich noch länger »herumschubsen« zu lassen, weder von den Sowjets noch von böswilligen Kleinstaaten – und auch nicht von den eigenen Verbündeten. Diese neue Trutzigkeit ist schon seit einiger Zeit spürbar. Ronald Reagan ist eher ihr Nutznießer als ihr Urheber, aber er verkörpert sie perfekt. Mehr Rüstung lautet die Losung des Tages. Der Abschluß von Handelsvereinbarungen oder Rüstungskontrollverträgen soll hinfort an sowjetisches Wohlverhalten in der Dritten Welt gebunden werden.

Im gleichen Augenblick, da die Amerikaner wieder zu ihrem alten, polternden Selbst zurückfinden, kann die Stimmung im Kreml gar nicht anders als gedrückt sein. In Afghanistan, wo die Sowjets vor einem Jahr einmarschierten, um die zerbröckelnde, zerstrittene, regierungsunfähige kommunistische Herrschaft zu befestigen, haben sie nichts dergleichen erreicht. Sie sind in einen häßlichen Krieg in einem Lande verwickelt, in dem sie knapp die Städte und die Hauptverkehrsstraßen beherrschen. Auch im Kreise der sozialistischen Nachbarn fühlen sich die Sowjets schwerlich wohl: Sie sind der einzige Staat der Welt, der von lauter feindseligen kommunistischen Ländern umgeben ist. Eine halbe Million Sowjetsoldaten steht an der chinesischen Grenze, 300 000 Mann sind rund um Polen aufmarschiert. Die sowjetische Wirtschaft stagniert. Die Rüstung frißt auf, was dem Wohlstand der Menschen dienen könnte. Die Milliardenzuschüsse für Afghanistan, Äthiopien, Kuba müssen den Planern wie ein Mühlstein um den Hals hängen. Die Führung vergreist zusehends; eine Nachfolgekrise steht ins Haus. Alles spräche dafür, die kostspieligen auswärtigen

Abenteuer abzubrechen und sich den überfälligen inneren Reformen zuzuwenden. Verlaß ist darauf jedoch nicht.
Und die Westeuropäer? Sie haben, Helmut Schmidt und Giscard d'Estaing allen voran, in der ersten Hälfte des abgelaufenen Jahres eine schwierige Rolle gespielt. Sie haben Leonid Breschnjew wegen Afghanistan schärfstens kritisiert, zugleich aber Jimmy Carter daran gehindert, Weltpolitik wie ein Bußprediger zu betreiben, der nur Höllenstrafen kennt. Sie haben – loyal zum großen Bündnispartner, wiewohl nicht solidarisch mit jedem der wechselnden Einfälle seines schwankenden Präsidenten – mit ihrer Hartnäckigkeit zuwege gebracht, daß die Phase der schmollenden Sprachlosigkeit überwunden wurde und die Diplomatie nicht dort abdankte, wo sie am nötigsten ist: in der Krise. Nicht, daß sie Mittler zu spielen versuchten oder Europa gar in eine Mittellage, in Äquidistanz zu Washington und Moskau, hätten bringen wollen. Aber sie bestanden darauf, daß die Großen sich nicht in ihrem gegenseitigen Mißtrauen einpuppten. Freilich steht sehr dahin, ob ihnen dies noch einmal gelingen könnte, ja: ob sie es selber noch einmal würden versuchen wollen, wenn der Kreml sich am Ende doch zum direkten Eingreifen in Polen entschlösse. Ihr Spielraum für Handeln und Verhandeln ist schmaler geworden.
Ist also der Rückfall in den Kalten Krieg unausweichlich? Noch gibt es Hoffnung.

Die Sowjets haben die Zugbrücken nach Westen ja noch keineswegs hochgezogen. Sie haben heute nicht mehr Soldaten in Afghanistan stehen als vor einem Jahr; der Versuchung, immer mehr Kämpfer in die Schlacht zu werfen, haben sie bisher widerstanden. Sie nutzten Titos

Tod nicht aus, wie viele befürchtet hatten, um wieder in Jugoslawien Fuß zu fassen. Und sie haben in Polen bisher mehr Zurückhaltung an den Tag gelegt als in irgendeiner früheren Ostblockkrise. Zehn Jahre Entspannung haben sie doch erkennen lassen, um welche handgreiflichen Vorteile sie sich durch militärisches Auftrumpfen bringen würden.

Auch Reagan will nicht zurück zur totalen Konfrontation, zum ungezügelten Wettrüsten, zur Rundumeindämmung der Sowjetunion, zu bewaffnetem amerikanischen Eingreifen, wo immer sich in der Welt Unruhe bemerkbar macht. Dem Bundeskanzler hat er von sich aus nachdrücklich dargelegt, er werde wieder und wieder mit den Russen verhandeln: *again and again and again.* Da mag auch europäische Einflußnahme nicht ganz vergeblich bleiben.

Im übrigen wiederholt sich Geschichte nicht. Ein Zurück zum frisch-fröhlichen Kalten Krieg der fünfziger Jahre wird es ebensowenig geben wie ein Zurück zur ungetrübten Entspannung der siebziger Jahre. Es darf sich niemand nach der Konfrontation sehnen, bloß weil sich der politische Konsens dann von selber einstellt und die Staatsmänner der mühevollen Überzeugungsarbeit enthoben sind. Andererseits kann Kooperation, so wichtig die Zukunftsperspektive ist, die sie eröffnet, kein Selbstzweck sein; sie setzt, wenn der Westen sie fortführen soll, östliche Mäßigung voraus.

Nur auf das Scheitern des Gegners zu spekulieren, ja: sein Scheitern herbeizuführen, indem man ihm so viel Schaden wie möglich zufügt, ist keine Politik. Die Suche nach Ausgleich erst kennzeichnet die Staatskunst. Heute heißt dies zugleich: fortdauernde Bemühung um Rüstungskontrolle, Zurückhaltung in entlegenen Konfliktgebieten,

Aufmerksamkeit auch für die Probleme der Welt außerhalb des Spannungsbogens zwischen Ost und West. Es bringt nichts, aus Schwäche aufzutrumpfen; besser ist es, aus Stärke Entgegenkommen zu zeigen.
Diese Lehre sollten Sowjets wie Amerikaner beherzigen. Tun sie es nicht, werden die achtziger Jahre nicht nur kalt und stürmisch, sondern gefährlich.

West-West-Konflikt vor der Ost-West-Krise?

Ende 1981

Beim Jahreswechsel 1981/82 stehen wir vor der gleichen Frage wie zwölf Monate zuvor: Ist die Entspannung noch zu retten? Die Antwort fiel schon vor einem Jahr nicht leicht. Der sowjetische Einmarsch in Afghanistan hatte einen weltpolitischen Wetterumschwung ausgelöst. Wohl bemühten sich die Europäer nach Kräften, ihrem geteilten Kontinent einen Temperatursturz zu ersparen, aber so tief konnten sie sich gar nicht ducken, daß die eisigen Winde aus dem Hindukusch sie nicht dennoch gestreift hätten. Zugleich zog die Rote Armee den Würgering um Polen immer dichter – um ein Land, welches zum dritten Male nach dem Krieg versuchte, das ihm aufgezwungene kommunistische Regime zum Polnischen, zum Freiheitlichen hin zu verändern. Der Aufmarsch der Sowjetdivisionen machte erschreckend deutlich, daß nicht nur Ereignisse jenseits des Horizonts die Entspannung bedrohen, sondern daß das Geschehen in unserer unmittelbaren Umgebung ihr den Garaus machen könnte.

Die Großwetterlage hat sich im Jahre 1981 nicht gebessert. Ein Klimasturz ist weniger denn je auszuschließen; noch stehen die Sowjets an der polnischen Grenze ja Gewehr bei Fuß, zum Dreinschlagen bereit, falls das Jaruzelski-Experiment mißlingt. Ist unter diesen Umständen die Entspannung noch zu retten?

Der französische Publizist André Fontaine hat einmal gallisch-gallig bemerkt: »Entspannung ist die Fortsetzung des Kalten Krieges mit anderen Mitteln – und manchmal auch mit denselben.« Daran ist bei aller Häme etwas Richtiges. Wo es um Fernziele geht, ist die Entspannung genauso ein Instrument der Politik wie die Spannung: eine Methode, die eigenen Interessen, Absichten, Hoffnungen und Wünsche durchzusetzen. Auch Entspannung ist Mittel zum Zweck: zur »Finnlandisierung« Westeuropas oder Osteuropas; zum Zurückrollen des amerikanischen oder sowjetischen Einflusses aus dem jeweiligen europäischen Vorfeld der Supermächte; zur Verbreitung der eigenen – freiheitlich-demokratischen oder diktatorial-kommunistischen – Anschauungen jenseits der in Jalta gezogenen Trennlinie.

Nimmt man nur diese instrumentale Funktion ins Visier, so hat der Westen nach zwölf Jahren praktischer Ausgleichspolitik überhaupt keinen Grund zum Bedauern. Nicht der kommunistische Bazillus hat sich ausgebreitet, sondern die ansteckende Idee der Freiheit und des Pluralismus. Ohne den Entspannungsprozeß der siebziger Jahre hätten die Polen schwerlich die Chance der *odnova,* der Erneuerung, gehabt; und ohne die Rücksicht auf die Ergebnisse dieses Prozesses wären die Russen mit Repressionsmaßnahmen auch sehr viel rascher bei der Hand gewesen.

Wenn die Greise im Kreml nüchtern Bilanz ziehen, müssen sie sich eingestehen, daß sie sich verrechnet haben. Die amorphe Friedensbewegung im protestantischen Nordwesteuropa hat den politischen Strukturen kaum etwas anhaben können. Sie ist nichts im Vergleich zu der Reformbewegung, die wie ein Sturmwind über Osteuropa hinwegfegen und die dortigen Regime niederreißen würde, wenn sie sich nur ungehindert entfalten dürfte. Man kann sich gut vorstellen, wie die Harten in Moskau den Verfechtern von Breschnjews Westpolitik vorwerfen, sie zahlten einen allzu hohen Preis für die Détente; sie riskierten damit den Zerfall des roten Imperiums.

Der Westen beginge denn eine Torheit, wollte er auf die Entspannung verzichten – nicht nur auf das Wort, das je nach politischer Konjunktur immer wieder einmal vorübergehend aus dem politischen Sprachschatz gestrichen wird, sondern auf die Sache. In einem von Entspannung geprägten weltpolitischen Umfeld kann er seine eigenen Stärken viel besser ausspielen als in einem Krisen-Environment, das stets die brutalere, rücksichtslosere Seite begünstigt. Entspannung heißt keinesfalls Selbstaufgabe.

Ohnehin geht es ja nicht bloß um Philosophie. Die Entspannung hat uns ganz konkrete Vorteile gebracht, und niemand sollte so tun, als ließen sie sich bewahren, wenn die Politik, der sie zu verdanken sind, wieder verabschiedet würde.

Die Vorteile sind von dreierlei Art. Sie haben mit der Lage in Europa zu tun, zumal jener der Deutschen diesseits und jenseits der Elbe; mit der Bändigung des Wettrüstens; schließlich mit den Perspektiven für die Zukunft.

Die Deutschen haben für die Entspannung den höchsten Preis bezahlt: mit der faktischen Besiegelung nämlich ihrer Teilung auf unabsehbare Zeit. Dafür waren sie aber auch die größten Gewinner der Entspannung. Das verkrampfte Verhältnis zwischen Ost-Berlin und Bonn lokkerte sich auf. Die deutsche Frage entfiel als aktueller Reizfaktor der internationalen Politik; die Berliner Zeitbombe wurde entschärft. Vor allem aber: Als die Wiedervereinigung der Staaten nicht mehr im Vordergrund stand, wurde die Wiederverbindung der Menschen wieder möglich. Nicht in dem Tempo und Maß, das wir uns gewünscht hätten, doch unvergleichlich viel umfänglicher und reibungsloser, als irgend jemand in den sechziger Jahren zu hoffen wagte. Die Détente ist unvollständig, aber real. Zum Beleg dessen reicht die Erinnerung daran, wie es war, als es keine Besuchsregelung in Berlin gab, keinen Telefonverkehr zwischen den beiden Hälften der zerteilten Stadt und keinen gesicherten Transit durch die DDR; keinen kleinen Grenzverkehr entlang der innerdeutschen Grenze und keinen millionenfachen Besucherstrom aus dem Westen. Auf diesem Felde hat die Entspannung den Menschen gedient.

Auf einem anderen hat sie dem Frieden gedient: dem der Abrüstung und Rüstungskontrolle. Auf diesem Feld akkerten in erster Linie die Supermächte. Wenngleich die Abkommen, die sie miteinander schlossen, dürftig wirkten angesichts der beiderseitigen Arsenale von rund 50 000 Atomwaffen, so brachten sie doch einen Anfang: SALT I setzte der nuklearen Rüstung einen Plafond, SALT II – noch vor Afghanistan im Gestrüpp der amerikanischen Innenpolitik hängengeblieben – sah die erste tatsächliche Herabrüstung vor.

Noch immer spricht alles dafür, das zweite Raketenabkommen doch noch in Kraft zu setzen, gerade aus amerikanischer Sicht. Nach seinen Bestimmungen müssen die Sowjets rund 250 Interkontinentalgeschosse verschrotten, müssen sie die Zahl der Sprengköpfe in einer Raketenspitze auf 10 (statt der technisch möglichen 30 bis

40) beschränken, dürfen sie bloß einen neuen Raketentyp produzieren (statt der drei, die sie auf dem Reißbrett haben). Die Reagan-Administration hat sich bisher nur zu dem Beschluß durchringen können, den SALT-Prozeß fortzusetzen; doch noch hat sie sich nicht entscheiden können, ob sie SALT II übernimmt, ob sie geringfügige Nachbesserungen anstreben oder lieber auf einen völlig neuen Vertrag losgehen soll.

Die Schwierigkeit ist, daß die Techniker den Diplomaten davongelaufen sind. In den Zeiträumen, die es heute braucht, einen Vertrag über die Verminderung der Raketenrüstung auszuhandeln, öffnen sich den Kernwaffen-Großmächten vielfältige technologische Schlupflöcher. Mehrfachsprengköpfe, Marschflugkörper, neue Steuerungstechniken – sie bringen zum Verblassen, was immer vereinbart worden ist. Sie brennen Angstbilder auf die Netzhäute der Verantwortlichen in Moskau und Washington. Furcht ergreift sie, daß der Gegner eines Tages wird angreifen wollen, weil er straflos angreifen kann. Einbildungen werden dabei zu Realitäten, abstrakte Bedrohungsvorstellungen gewinnen ein konkretes Eigenleben. Ohne den Willen zur Entspannung droht die Einsicht verlorenzugehen, daß Sicherheit sich nur unvollkommen durch immer gewaltigere Rüstungsbeschaffungsprogramme verbürgen läßt, daß sie wirksamer, vernünftiger, billiger durch begrenzende Absprachen zu organisieren wäre.

Ein weiteres kommt hinzu bei der Bewertung der Entspannung: die Zukunftsperspektive, die sie eröffnet. Der Menschheit blühte nur Unheil, nähme die Politik der ungemilderten, ungeminderten Konfrontation ihren Lauf. In Europa selber schadete sie den Menschen wie den Friedenschancen. Sie würde die Dritte Welt zur Arena der westöstlichen Auseinandersetzung degradieren. Sie birgt die Gefahr, daß jeder Konflikt in anderen Regionen sich zum Zusammenstoß der Supermächte auswächst. Und sie müßte das Wettrüsten auch unter den jungen Staaten nur weiter anheizen und die Prämien für Rüstungskontrolle auch dort auf Null senken.

Realistische Entspannungspolitiker sind nie davon ausgegangen, daß mit ihrem Rezept die Erde in eine Insel der Seligen verwandelt werden könnte oder der Ost-West-Gegensatz über Nacht verschwände. Sie sahen in der Détente die einzige Möglichkeit, der fortdauernden Konfrontation einen immer kräftigeren Schuß Kooperation beizumischen. Ihre Hoffnung war, daß dies nach und nach die Macht des Dogmatismus im Osten untergraben, die Konfrontationshaltung abschleifen, die Gewohnheit zwanglosen Umgangs miteinander fördern werde. Diese Hoffnung hat sich auch in erstaunlichem Maße erfüllt – jedenfalls bis zu dem Zeitpunkt, da in Polen die Umformung des Systems eine Richtung, vor allem aber eine Geschwindigkeit nahm, die in Moskau sowohl die Hauptverwaltung Ewige Wahrheiten als auch die Verweser des russischen Sicherheitsinteresses auf den Plan riefen.
Dies bedeutet nicht: Die Polen sind schuld. Nein, schuld sind die Sowjets, die es bis heute nicht verstanden haben, zu den Nationen Osteuropas ein »organisches Verhältnis« zu finden, wie der Kissinger-Berater Helmut Sonnenfeldt dies einst genannt hat. Sie verstehen sich nur auf die gleichmacherische Schablone, deren Einhaltung sie mit dem Bajonett erzwingen. Sie leiden auf ihrem Glacis keine Reform, die sie nicht ihren eigenen Bürgern gönnen. Daran wird sich wohl auch nichts ändern, solange sie selber nicht tolerant genug geworden sind, um Reformation,

Transformation zu dulden – oder zu schwach, sie zu verhindern.

Natürlich ist der vielgehörte Satz grundfalsch: Es gibt keine Alternative zur Entspannung. Es gibt mehrere: mindestens die des Kalten Krieges. Wenn er uns von den Sowjets aufgenötigt wird, können und dürfen wir ihm auch nicht ausweichen. Aber wir sollten uns davor hüten, ihn gleichsam herbeizusehnen – bloß weil dann endlich wieder klare Verhältnisse herrschen; weil dann die Aufrüstung ungehemmt vonstatten gehen kann, ohne Rücksicht auf lästige Verhandlungen; weil dann die pragmatische Eindämmung der Sowjetunion wieder zum antikommunistischen Kreuzzug stilisiert werden darf.

Präsident Reagan bedrängt die europäischen Verbündeten, auf die Verhängung des Kriegsrechts in Polen so zu reagieren, als ob bereits der Fall der direkten sowjetischen Intervention eingetreten sei. Manche teilen seine Ansicht – so die Franzosen, so der Leitartikler der Londoner *Times*. Andere halten Reagans Appell für verfrüht, – so die Bundesregierung, so der Leitartikler des *Guardian*. Solange die Dinge noch im Fluß seien, argumentieren die einen, lasse sich die Entwicklung am ehesten mit demonstrativer Härte beeinflussen. Gerade weil sie noch im Fluß sind, ist Subtilität angebracht, erwidern die anderen; sie wollen neben der Peitsche auch das Zuckerbrot sehen.

Es ist kein Ausfluß memmenhafter Unterwürfigkeit gegenüber dem Kreml, wenn Bonn sich bisher gegen Überstürzung wehrt. Noch hat die polnische Lösung eine Chance; noch sind die Bemühungen um einen neuen Konsens nicht gescheitert; noch hat auch die katholische Kirche, die besser im Lande Bescheid weiß als irgendeiner, nicht die Hoffnung auf einen glimpflichen Ausgang der Krise aufgegeben. Da gibt es keinerlei Rechtfertigung für den Westen, die Menschen in Polen im Stich zu lassen. Und nicht den geringsten Anlaß, die Entspannung schon in den Rauchfang zu schreiben.

Wie gesagt: Vielleicht zwingen uns die Sowjets doch noch dazu. Aber bis sie es tun, sollten wir Polen nicht verloren geben. Bis dahin sollten wir auch die Fortdauer der Entspannung trotz des Dramas, das sich in Warschau abspielt, nicht von uns aus für unmöglich erklären. Dies gebietet nicht nur das deutsche Interesse. Beständigkeit des Wollens liegt zugleich im Interesse Osteuropas, dem ein neuer Kalter Krieg jede Aussicht auf Freiheit und Wohlstand versperren würde. Sie dient nicht zuletzt dem Frieden in der Welt, der ohne den Stützpfeiler europäischer Entspannung sehr brüchig würde.

Zu Beginn des Jahres 1982 hat der Westen die Wahl zwischen zwei Als-ob-Strategien: als ob die Entspannung schon tot sei, oder als ob sie sich retten ließe. Reagans ideologiedurchtränkter Intuition entspringt die Neigung, die Détente für tot zu erklären; der an historischer Erfahrung geschulte Instinkt des Bundeskanzlers drängt auf den Rettungsversuch.

Noch ehe wir wissen, ob es eine Ost-West-Krise gibt, könnten wir denn eine kräftige West-West-Krise erleben.

Das Ende aller Üppigkeit

Ende 1982

Der Traum des Pharao plagt die Menschheit seit dem Anbeginn der Geschichte, und er ist zum Trauma geworden für ungezählte Geschlechter: der Alp, daß Wohlstand niemals von Dauer sei.

Dem Herrscher träumte, er stünde am Nil und sähe sieben schöne, fette Kühe aus dem Wasser steigen, danach sieben häßliche und magere Kühe, und die häßlichen, mageren fraßen die schönen fetten. Die Deutung, die Joseph aus Kanaan – gleichsam als Ein-Mann-Sachverständigenrat – dem Traum gab, markiert den Beginn der Wirtschaftsprognostik: »Siehe, sieben reiche Jahre werden kommen in ganz Ägyptenland. Und nach denselben werden sieben Jahre teure Zeit kommen, und die teure Zeit wird das Land verzehren, denn sie wird sehr schwer sein.«

Der Alp lastet bis heute auf den Menschen. Teuerung und Hunger wechselten durch die Jahrhunderte mit Geldwertstabilität und Überfluß. Auf Hochkonjunktur folgte Zusammenbruch, Stillstand auf Ausweitung, Misere auf Wohlleben – erst im Zyklus der alten Agrarwirtschaft, dann im Zyklus des neuen, von Handel und industrieller Produktion geprägten Zeitalters. Der Krisenkalender ist voller, als dem Normalbürger im Gedächtnis haftet; selbst in den vergangenen 150 Jahren: 1826, 1839–42, 1873–96, 1929–34, 1974–75, 1979–?

Marx leitete im Kommunistischen Manifest aus all dem Auf und Ab den Schluß ab, das Ende des Kapitalismus sei nahe, weil die Aufschwünge immer kürzer, die Krisen immer länger würden. Da täuschte er sich zwar. Aber täuschte sich auch Joseph Schumpeter, als er vor einem halben Jahrhundert feststellte, der Kapitalismus werde nicht sterben, doch könne er nur im Sauerstoffzelt überleben: auf der Intensivstation staatlicher Fürsorge und Bevormundung? Und haben sich nicht all jene doch geirrt, die glaubten, große Wirtschaftskrisen seien heutzutage nicht mehr zu gewärtigen, da längst das Instrumentarium vorhanden sei, sie zu verhindern oder jedenfalls alsbald zu überwinden, wenn es gleichsam versehentlich dennoch dazu kommen sollte?

Auch die Fachleute verspüren neuerdings Zweifel. Einen weltweiten Bankenkrach befürchten die einen, einen unaufhaltsamen Anstieg der Arbeitslosigkeit die anderen. Den Ex-Bundeskanzler Helmut Schmidt bedrückt die Sorge, daß aus der gegenwärtigen Rezession eine ausgewachsene Depression entsteht, weltweit. Düstere Ahnungen beschleichen auch das Publikum; anders wäre das »Angstsparen« der jüngsten Zeit unbegreiflich.

Und selbst ein aufgeklärter, aufklärender Geist wie Hans Magnus Enzensberger, der die Armut nicht zur Tugend stilisiert und den Wohlstand nicht verteufelt, hält dessen Tage für gezählt: »Daß Reichtum immer die Ausnahme ist und nie die Regel, wußte schon der Prediger Salomo – ein extrem unwahrscheinlicher, äußerst labiler Zustand, eine historische Extravaganz, auf deren Fortdauer nur Wundergläubige rechnen können.«

Nun geht es im Wirtschaftsleben gewiß nicht so rational zu, wie das stolze Hantieren der Ökonomen mit Fakten, Daten und Ziffern dem Laien nahelegt. Da ist viel Psychologie im Spiel: Irrationales also, schwer abzuwägen, noch schwerer abzustimmen, gar feinabzustimmen. Aber es ist nicht so, als ob der Bereich der Wirtschaft dem Gesetz von Ursache und Wirkung gänzlich entzogen wäre. Die ökonomische Lage, die wir heute beklagen, kommt nicht von ungefähr. Es bedarf zu ihrer Erklärung nicht des Rückgriffs auf das Pharaonen-Trauma, noch der Zuhilfenahme fragwürdiger Wellentheorien. Gestehen wir es ruhig ein: Da sind Fehler gemacht worden. Wir haben unserem Wohlfahrtspudding viel zu viel Eierschnee untergezogen, und dies noch zu einem Zeitpunkt, da längst absehbar war, daß wir uns solche Üppigkeit nicht mehr lange würden leisten können.

»Grenzen des Sozialstaates«, »Krise des Versorgungsstaates«, »Ende der Fahnenstange« – die Wirklichkeit hat überall in der Welt die Warntafeln der Hellsichtigen überrollt. Sämtliche demokratischen Industrieländer schlagen sich mit Inflation, Arbeitslosigkeit, Wachstumsrückgang, Insolvenzen, hohen Staatsschulden herum. Sie können das »soziale Netz« nicht mehr bezahlen, das sie in den fetten Jahren geknüpft haben. Sie müssen ihre Ausgaben durchforsten, müssen hineinschneiden in die Sozialleistungen, müssen Finanzmittel freimachen für Investitionen, mit denen sie der strukturellen Arbeitslosigkeit zu Leibe rücken können.

Die Signatur der Lage hat keiner schonungsloser dargestellt als der gestürzte Kanzler Schmidt vor der sozialdemokratischen Bundestagsfraktion am 22. und 30. Juni 1982. Drei bedenkliche Faktoren führte er auf:

1. In dreizehn Jahren hat die sozial-liberale Koalition

viele Reformen verwirklicht: »Kindergeld, Mutterschaftsurlaub, Rentenverbesserung, vielerlei wünschenswerte Reformen, die Geld kosteten.« Der Anteil der Sozialausgaben erhöhte sich zwischen 1970 und 1982 bei Bund und Ländern und Gemeinden von 16 auf 23 Prozent des Bruttosozialprodukts. Das Geld hat sich die Regierung beim Bürger geholt. Die Abgabenquote (Steuern und Sozialbeiträge) stieg von 34 Prozent im Jahre 1970 auf 38 Prozent des Sozialprodukts. Vor allen Dingen aber wurden die Arbeitnehmer für den Segen zur Kasse gebeten, mit dem sie die spendable Obrigkeit beglückte. Schmidt: »Das durchschnittliche Arbeitseinkommen war 1970 belastet mit 22,7 Prozent Lohnsteuer und Sozialabgaben. Heute ist es belastet mit 31,7 Prozent.«

2. Die höhere Besteuerung reichte jedoch allein nicht aus, dem vom Staate verordneten Geldregen zu bezahlen. Bei sinkender Konjunktur wurde ein Teil der Mehrausgaben über höhere Verschuldung finanziert. Schmidt: »Die Kreditaufnahmen von Bund, Ländern, Gemeinden betrugen 1970 nur 1,2 Prozent des Bruttosozialprodukts. Sie waren 1981 auf dem Vierfachen – das heißt bei nahe 5 Prozent.« Kredite finanzierten 1970 knapp 3 Prozent des Bundeshaushalts, 1980 knapp 10 Prozent; 1982 lag der Anteil noch weit darüber.

3. Weil aber auch die höhere Schuldenaufnahme, um alle Rechnungen zu begleichen, die SPD und FDP – meistens übrigens mit parlamentarischer Billigung der Union – ausgestellt hatten, holte sich die unersättliche öffentliche Hand das Geld noch aus einer dritten Quelle: dem Herunterfahren der staatlichen Investitionen zugunsten der Sozialpoltik. Schmidt: »Am öffentlichen Gesamthaushalt hatten die Investitionen vor zwölf Jahren einen Anteil von 24,5 Prozent; der ist inzwischen um glatt ein Drittel

gesunken auf 16,5 Prozent.« Dies alles spielte sich zu einer Zeit ab, da die Investitionen der Volkswirtschaft insgesamt zurückgingen: von 26,5 Prozent des Bruttosozialprodukts 1970 auf 21,5 Prozent 1982.
Erbarmungsloser als der alte Kanzler hätte auch der neue den Kassensturz kaum anstellen können. Das Sozialbudget zieht den arbeitenden Menschen das Geld aus den Taschen; es frißt die Investitionsmittel der Volkswirtschaft auf; es treibt das Schuldenmachen in die Zone der Unverantwortlichkeit. Und Schmidts Zahlen vom Juni müssen am Jahresende 1982 alle wohl noch ein Stück zum Schlechteren hin korrigiert werden. Da gilt erst recht die Parole, die er damals ausgab: »Irgendwo ist das Ende der Fahnenstange ... Das Sozialprodukt hat nur 100 Prozent.«

Es läßt sich gewiß darüber streiten, ob die frisch-fröhliche Ausgabenpolitik zu rechtfertigen war, solange Jahr für Jahr noch reales Wachstum verzeichnet wurde. Mußte die Staatsschuld wirklich auch in der Aufschwungphase wachsen – oder hätte man nicht in den fetten Jahren, wie einst Joseph dem Pharao riet, für die dürren Zeiten Vorsorge treffen müssen? Wurde die Warnung Karl Schillers, der 1972 als Finanzminister zurücktrat, weil er die Aufblähung des Staatsbudgets – vor allem des Sozialbudgets – nicht länger verantworten wollte, leichthin in den Wind geschlagen: »Genossen, laßt die Tassen im Schrank«? Und hätten nicht Schmidt, Lambsdorff und Matthöfer weit schärfer und weit früher abbremsen müssen, als die zweite Ölpreiskrise 1980 voll auf die Bundesrepublik durchschlug? Reicht als Entschuldigung für ihr lahmes Reagieren und Regieren aus, daß Matthöfer 1980 Wahlkampfwirksamkeit über Wahrheit stellen mußte; daß

Schmidt das ganze Jahr 1981 hindurch ein kranker Mann war; und daß Lambsdorff unentwegt an der Wende werkelte?

Nicht streiten läßt sich darüber, was heute zu tun ist. Wir müssen den Riemen enger schnallen. Von dem, was wir uns in den letzten Jahren genehmigt haben, müssen wir einiges kürzen, anderes ganz streichen.

Dabei kommt es zum einen darauf an, wirkliche Härten zu mildern, aber das Lobby-Geschrei über den Entzug von Vergünstigungen, die nie hätten gewährt werden dürfen, standhaft zu überhören. Tatsächliche Bedürftigkeit muß vor bloßer Berechtigung rangieren. Ein Schüler, der die Füße nicht länger unter den elterlichen Tisch stecken, sondern lieber in einer eigenen Wohnung leben will, verdient dafür kein Bafög. Der persönliche Lebenszuschnitt muß Sache des einzelnen bleiben. Niemand kann die Allgemeinheit für seine Bequemlichkeitsansprüche in die Pflicht nehmen; da soll gefälligst jeder selber die Ärmel aufkrempeln. Doch wer wirklich in Bedrängnis gerät, muß sich auf die Solidargemeinschaft verlassen können.

Zum anderen kommt es darauf an, vielfältigen Mißbrauch unseres Sozialstaates abzustellen. Der Arbeiter, der krankfeiert, ist da nur ein Beispiel. Ein anderes ist der Selbständige, der seine Frau anstellt, sie dann entläßt und sie auf Kosten des Steuerzahlers arbeitslos meldet oder zur Umschulung schickt. Ein drittes ist die Sekretärin, die sich eines Tages an der Universität immatrikulieren läßt, ein erstes Fachstudium nach sieben Semestern abbricht, ein neues Studium aufnimmt und dann nach abermals fünf Semestern doch ins Büro zurückkehrt. Und auch die Mieter von billigen Sozialwohnungen, deren Einkommen längst über die Berechnungsgrenze gestiegen ist (von den heutigen Bewohnern fast die Hälfte!), gehören in diese Kategorie. Das alles gefährdet den Sozialstaat, weil es ihn auslaugt.

Schließlich kommt es darauf an, daß bei allem Kürzen, Streichen und Einsparen nicht die Gerechtigkeit vor die Hunde geht. Es müssen sämtliche Gruppen zur Kasse gebeten werden, die Massen, die Wohlhabenden, die Beamten, die Rentner; keine darf ungeschoren davonkommen. Dabei geht es nicht nur um den tatsächlichen Ertrag einzelner Sparmaßnahmen, es geht auch um die soziale Optik. Eine Ergänzungsabgabe, die den Gutverdienenden zurückgezahlt werden soll, während dem kleinen Mann seine Opfer *à fond perdu* abverlangt werden, verstößt gegen den Billigkeitsgrundsatz. Desgleichen eine Wohnungspolitik, die nur reichere Haus- und Grundbesitzer produziert, nicht aber höhere Investitionen.

Die Gefahr ist, daß im anhebenden Wahlkampf die Schuldzuweisungen für die Vergangenheit das vernünftige Räsonieren über die Zukunft in den Hintergrund drängen, daß die Häme der Demagogen die nötige Gemeinsamkeit der Demokraten vergiftet, Schlagworte die Programme ersetzen. »Klassenkampf von oben« und »Klassenkampf von unten«, »Ellenbogengesellschaft« und »Hängemattengesellschaft« – das sind törichte, gefährliche Parolen. Die Redlichkeit bleibt dabei auf der Strecke. Sie geböte zum Beispiel, daß die Sozialdemokraten, wenn sie gegen die Mietpreispolitik der neuen Bundesregierung polemisieren, ehrlicherweise hinzufügen, was ihre eigenen Fachleute seit langem sagen: daß die Mieten im sozialen Wohnungsbau allmählich auf 25 Prozent des verfügbaren Einkommens hinaufgeschleust werden müssen.

Die Lage ist zu ernst für klassenkämpferisches Gestikulieren. Die Beschäftigungslosigkeit steigt; starke Jahrgänge drängen ins Arbeitsleben; die fortschreitende Automation verbessert zunächst nur die Produktivität, nicht das Stellenangebot. Weder dürfen wir eine ganze Generation einfach opfern – wir werden sie schon am Ende des Jahrzehnts bitter nötig haben. Noch dürfen wir, damit wir unser gegenwärtiges Wohlleben ungeschmälert weiter genießen können, die Rechnung dafür einfach auf unsere Nachfahren ausstellen – wir überlassen ihnen ohnehin schon einen weidlich zerschundenen, vielleicht unheilbar beschädigten Planeten.

Wer immer heute regiert, und wo immer in der Welt der Industriedemokratien, hat gar keine andere Wahl als zu sparen. Wir haben in anderthalb Jahrhunderten erst den Rechtsstaat geschaffen, dann den Sozialstaat, schließlich den Wohlfahrtsstaat. Gelänge es nicht, die Krise der Gegenwart zu meistern, so stünde all dies auf dem Spiel.
Dabei nützt es wenig, wie viele Nationalökonomen bloß auf die Inflation oder bloß auf die Arbeitslosigkeit zu starren. Der amerikanische Soziologe Seymour Martin Lipset hat unlängst einen anderen Maßstab vorgeschlagen: den »Misere-Index«, die Summe aus Inflationsrate und Arbeitslosenquote. Nach diesem Maßstab geht es den Amerikanern heute besser als vor zwei Jahren, den meisten Europäern einschließlich den Westdeutschen hingegen schlechter. Zugleich registrierte Lipset, daß sinkende Wachstumsraten gekoppelt sind mit häufigeren Regierungswechseln – eine Feststellung, die ein Rundblick auf die Nachbarländer unschwer bestätigt. Wirtschaftliche Labilität untergräbt nicht nur die psychische Stabilität der Menschen; sie gefährdet auch die politische Stabilität der Staaten.

Noch ist es nicht zu spät. Noch ist es nur eine böswillige Unterstellung, daß die Bürger Wahlentscheidungen schnöde nach dem jüngsten Mietbescheid träfen, nicht danach, wem sie am ehesten zutrauen, das Notwendige zugleich beherzt und gerecht zu vollziehen. Politiker, die dem Wähler ein Schlaraffenland versprechen, machen sich unglaubwürdig. Achtung und Respekt verdienen allein jene, die offen sagen, was in der heutigen Lage not tut: ein bißchen Einschränkung.

Der Reichtum der letzten dreißig Jahre braucht keine historische Extravaganz gewesen zu sein. Der Zyklus des Pharao ist nicht unser unabwendbares Schicksal. Und auch damals hat ja Joseph gezeigt, wie die schlimmen Jahre zu überstehen waren: durch Haushalten. Schweiß kann uns Tränen ersparen.

Die Entdeckung der Langsamkeit

Ende 1983

Ein Wort hatte Hochkonjunktur im Jahre 1983: Wende. Die einen erhofften, die anderen befürchteten einen politischen Umkehrschub. In Wahrheit hat es eine Wende nicht gegeben, konnte es sie auch gar nicht geben. Die neue Bonner Regierung hat das Ruder um einige wenige Kompaßstriche herumgelegt und mag so in ferner Zukunft auch eine neue Bestimmung erreichen. Doch hat sie das Staatsschiff der Bundesrepublik Deutschland nicht auf der Stelle drehen können. Auch sonst hat auf der Weltbühne keine der handelnden Figuren dem Geschehen eine neue Richtung zu geben vermocht.
Dies kann niemanden verwundern, der sich dazu anhält, die Aktualität immer wieder an den Erfahrungen der Geschichte zu messen. Radikale Kursänderungen kommen in normalen Zeiten selten vor. Gemeinwesen sind unbeweglich wie Supertanker – die Formulierung von Peter Glotz barg eine tiefe Einsicht. Bei aller Neuerung bleibt doch die Kontinuität das wesentliche. So sehr sich auch die Medien und die Möchtegern-Neuerer bemühen, die Abweichung hervorzuheben, es ist die Fortsetzung, die zählt. Es gibt keinen Neuschnee, hat schon Tucholsky festgestellt.

Ein weiteres ist im Jahre 1983 vielen aufgegangen: Geschichte braucht Weile. Neues wächst nur allmählich. Wie der Prediger Salomo sagt: »Alles Vornehmen unter dem Himmel hat seine Stunde.« Es geht nicht immer alles gleich und nie alles zugleich.
In dem Titel des jüngsten Nadolny-Romans läßt sich diese Erkenntnis am besten ausdrücken: »Die Entdeckung der Langsamkeit.« Sie gab dem abgelaufenen Jahr sein Gepräge. Dies gilt zum Beispiel für Bundeskanzler Kohl, der schmerzlich hat erfahren müssen, daß zwischen Wollen und Vollbringen eine breite Kluft liegt. Es gilt auch, zum Beispiel, für die Friedensbewegung, die nach und nach lernt, daß es mit großen Anläufen allein nicht getan ist. Wer politisch handeln möchte, muß nicht nur wissen, was er will; er muß auch imstande sein, den nötigen Konsens zu schmieden und Mehrheiten für sein Programm zu finden. Das heißt: Er muß einen bloß subjektiven Impuls, den er für sich selbst hat, in einen objektiven Impuls umwandeln, hinter dem die Kraft der Majorität steht.
Dies aber ist die dritte Einsicht, die uns das Jahr 1983 vermittelt hat: Niemand scheint heutzutage noch so recht zu wissen, was wir eigentlich wollen sollen. Die Dinge sind so kompliziert geworden, daß einfache Antworten sich verbieten. Die neuen Probleme sind sichtbar: die dritte technische Revolution, die Herausforderung der konjunkturellen wie der strukturellen Arbeitslosigkeit; die europäische Ohnmacht, die unbegrenzte Fortdauer des Wettrüstens. Doch hat kein Staatsmann oder Philosoph die Lösungen parat; kein einzelner ist zu sehen, der die geistige Kraft und den Willen aufbrächte, sich der Lage zu bemächtigen; im Widerstreit der organisierten Interessen wird zerredet, was die Nation – und darüber hinaus die Weltfamilie der Nationen – heute wollen

müßte. Keiner vermag, die Postulate des Künftigen zu formulieren. Die Ratlosigkeit der Regierenden entspricht der der Regierten.

Am schwersten ist wohl die Einsicht zu verkraften, daß Neuerung, Erneuerung in der Politik nicht per Wunschdenken, ja nicht einmal per *fiat* zu vollziehen sind. Zwar hält die Volksweisheit allerhand wohlfeile Sprüche bereit, die auf die Beziehungslosigkeit von Vornehmen und Tun, von Erwartungswelt und Erfahrungswelt, von Resolutionswelt und Handlungswelt hinweisen. Aber jeder Staatsmann, der frisch ans Ruder tritt, versucht doch immer wieder den Neubeginn, als ließe sich die Kraft der Beharrung durch die Stärke des Wünschens aus der Welt schaffen. Es geht indessen nicht. Wie es Odo Marquard ausdrückt: »Zukunft braucht Herkunft.«

In seinem Essaybändchen »Abschied vom Prinzipiellen« sagt der Gießener Philosoph einiges Erhellende zu dem Thema Wandel und Beharrung. »Kein Mensch ist der absolute Anfang: Jeder lebt mit unverfügbaren Vorgaben.« Die Geschichte bleibt die Handlungsgrundlage; der Mensch kann nur anknüpfen. Im übrigen liegt in der Sterblichkeit des einzelnen auch eine Begrenzung dessen, was er ändern kann. Der Mensch ist »zum Tode«: »Dadurch ist das Leben des Menschen stets zu kurz, um sich von dem, was schon ist, in beliebigem Umfang durch Ändern zu lösen: Er hat schlichtweg keine Zeit dazu.« Unter den Zeitnotbedingungen der *vita brevis* jedoch liegt die Beweislast beim Veränderer, folgert Marquard.

Dem Machenseifer, der Machensseligkeit der Regierenden setzt dies Schranken. Wo die Dinge komplex geworden sind, ergibt sich aus der Komplexität ein unfreiwilliger Konservatismus. So paradox es auch klingt: Diese beharrende Kraft macht heute den Konservativen zu schaffen, die ihre Wende nicht nur aus dem Prinzipiellen rechtfertigen müssen, sondern gegen Interessen, Besitzstandsverwalter, Anspruchsverfechter. Kein Wunder denn, daß das Wendemanöver nur stuckernd und stoppelnd vonstatten geht.

Das Anknüpfenmüssen ans Überkommene, ans Herkömmliche, hat noch eine andere Wirkung. Odo Marquard beschreibt sie so: »Bei endlicher Kapazität kann nicht alles zugleich zur Disposition stehen, sondern immer nur sukzessiv Bestimmtes durch bestimmte Alternativen ... Wer überhaupt in bestimmten Bereichen handeln will, muß sich darauf verlassen, daß er in anderen – die immer die meisten sind – nicht zu handeln braucht ... Menschliche Praxis macht stets nur das Wenige, was noch zu machen ist; damit sie möglich sei, muß in einem sehr beträchtlichen Umfang schon ›nichts mehr zu machen‹ sein.«
Auch das ist nicht neu, bedarf aber der ständigen Wiederholung, damit der Mensch in seinem dumpfen Drange innehält, alles – und alles auf einmal – anders zu machen. Er vermag es nicht. Er kann immer bloß ein paar Dinge zugleich anpacken; kann stets nur durch kleine Schraubenumdrehungen Wandel bewerkstelligen – *piecemeal engineering* sagt Karl Popper; und muß allemal davon ausgehen, daß sein Tun Stückwerk bleibt. Es waltet da obendrein ein Gesetz der Kompensationen, wonach jede Handlung außer den beabsichtigten Folgen auch gänzlich unbeabsichtigte Konsequenzen zeitigt. Dieser Unverfügbarkeit der Folgen entkommen wir nicht. Keine Lösung ist daher endgültig; jede Reform ist schon ihrem Keime nach der Gegenstand künftiger Reformen.

Es kann nicht schaden, sich dieser Grundwahrheiten unseres politischen Seins gelegentlich zu entsinnen. Zumal dann ist es vonnöten, wenn rundherum Heilsgewißheiten und Unheilsgewißheiten verkündet werden. Es gibt keine Patentrezepte zum Guten, keine Omnipotenz des Planens und Machens, keinerlei Trick, den Menschen von Grund auf umzukrempeln. Noch jede Revolution hat sich als »Fabrik des neuen Menschen« ausgegeben; aber es ist doch stets beim alten Adam geblieben. Es gibt nur Steuern und Gegensteuern, Versuch und Irrtum, Entscheidung und Korrektur. Wie Max Weber es gesagt hat: »Die Politik bedeutet ein starkes langsames Bohren von harten Brettern mit Leidenschaft und Augenmaß zugleich.« Dazu jedoch gehört vor allen Dingen eines: das Setzen von Prioritäten.

Die Lebenszusammenhänge werden von Jahrzehnt zu Jahrzehnt komplizierter. Die Politiker versinken angesichts dessen in lärmende Ratlosigkeit; die Philosophie und die Geistlichkeit verfallen in Schweigen, wo sie sich nicht einfach der herrschenden Mode unterwerfen, bald dem Fortschrittsglauben, bald der Düsternis; die Leitartikler und Kommentatoren ergeben sich dem Zug der Zeit zur eleganten Spezialisierung oder zur nichtssagenden Verallgemeinerung. Mittlerweile ist eingetreten, was Jacob Burckhardt vor über hundert Jahren beim Nachdenken über den Fortschritt schwante: »Selbst die Steigerung der intellektuellen Entwicklung läßt sich bezweifeln, weil mit fortschreitender Kultur die Arbeitsteilung das Bewußtsein des einzelnen immer mehr verengern könnte. In den Wissenschaften ist der Überblick bereits im Begriff, vor lauter Spezialentdeckungen von Einzeltatsachen sich zu verdunkeln. In keinem Lebensgebiet wächst die Kapazität der einzelnen gleichmäßig mit der Zunahme des Ganzen; die Kultur könnte leicht über ihre eigenen Beine stolpern.«

Inzwischen sind wir genau dort gelandet. Wir haben die Balance zwischen Spezialistentum und Generalistentum verloren. In der Politik wie in der Kultur fehlt das überwölbende, alles durchdringende Begriffsvermögen. »Spezialismus ohne Universalismus ist blind«, pointierte einst Ernst Robert Curtius, »Universalismus ohne Spezialismus ist eine Seifenblase.« Wie finden wir zur richtigen Mitte zurück?

Auf dem Felde der Kultur ist die Antwort einfach in der Theorie, schwierig in der Praxis: Ein Sinn für Vielfalt, für Offenheit, für polymythische Traditionen und Überzeugungen muß Buntheit und Wachheit unseres Empfindens und Erwägens sichern. Nichts wäre schlimmer als der Absturz in neuzeitliche Religionskriege. Der Geist der Skepsis – der nur echt ist, wo er auch Selbstzweifel einschließt – muß über allem walten.

In der Politik jedoch kommt es darauf an, aus der Kleinkariertheit des fortschreibenden Verwaltungsdenkens auszubrechen und einige wenige Orientierungsmarken zu setzen – eben: Postulate der Zukunft. Auf vier Gebieten ist dies besonders nötig.

Erstens: Wir dürfen nicht blind in die dritte technische Revolution hineinstolpern. Informations- und Kommunikationsgesellschaft – bisher ist das nur ein Schlagwort ihrer Propagandisten, die dafür sind, weil sie technisch möglich geworden ist. Was bringt sie an sozialer Umstülpung? Wie verändert sie das Leben der Menschen, ihr Sinnen und Trachten? Wollen wir die neue Revolution eigentlich, oder halten wir sie bloß für sowieso unvermeidlich und schicken uns deshalb drein? Welche Vorzüge brächte sie? Welche Nachteile müßten wir in Kauf nehmen oder zu verhindern suchen? Und wie sähe wohl eine Bilanz von negativen und positiven Fernwirkungen aus? Albert Einstein konnte noch sagen: »Ich denke nie an die Zukunft. Sie kommt früh genug.« Wir können uns soviel souveräne Gelassenheit, soviel Wurstigkeit nicht leisten, wenn George Orwell nicht doch am Ende recht behalten soll.

Zweitens: Der dumpfe Stoizismus, mit dem wir tatenlos dem Anwachsen der Arbeitslosenheere zusehen, hat etwas zutiefst Beklemmendes. Vor unseren Augen ist ein breiter nordeuropäischer Elendsgürtel im Entstehen begriffen, der vom Ruhrgebiet über Nordfrankreich und Wallonien, den Ärmelkanal überspringend, bis hinauf nach Liverpool reicht. Wir wissen, daß die dort beheimateten alten Industrien, Kohle und Stahl und Schiffsbau, in ihrer heutigen Form keine Zukunft mehr haben. Keiner zweifelt daran, daß uns dieses strukturelle Problem bis ins dritte Jahrtausend hinein beschäftigen wird. Aber ein Rezept ist nirgendwo in Europa zu erkennen, nicht einmal die Bemühung darum. Immer noch schaufeln wir Unsummen in längst überholte, unnütz gewordene Vorhaben wie die Zonenrandförderung und regionale Wirtschaftshilfe. Wirtschaftspolitik beschränkt sich auf gedankenloses Subventionieren des Moribunden.

Drittens: Von Jahr zu Jahr ist deutlicher geworden, daß das freie Europa, wenn es in seiner traurigen Kleinstaaterei verharrt, nur einer Zukunft ohne Stolz entgegenblikken kann. Es muß seine klägliche Reduzierung auf gewitztes Bürokratentum überwinden; muß sich erneut einer politischen Dimension verschreiben; muß – und sei es bloß im Verbund der ursprünglichen Sechs samt Großbritannien – sein Wollen so weit verdichten, daß es nicht länger bloß ein Objekt der Weltpolitik ist, Anhängsel bestenfalls, womöglich Opfer.

Viertens: Die Aufstellung der neuen Raketen hat begonnen, der Schwung der Friedensbewegung ist, für den Augenblick wenigstens, erlahmt. Doch der Moloch Rüstung bedroht uns weiterhin. Die Regierenden selber müssen jetzt zum Kampf gegen ihn antreten, wenn sie verhindern wollen, daß am Ende die Völker sich dagegen erheben. Allein mit zähflüssigen Konferenzen und endlos aufgestockten Wehr-Etats wird sich der Wunsch der Menschen nach mehr Vernunft in der Sicherheitspolitik nicht stillen lassen; dazu muß ein ganz neues Engagement der Staatsmänner sichtbar werden. Sie sollten sich hier einen Brief zum Leittext nehmen, den Präsident Eisenhower im März 1956 über »das eigentliche Sicherheitsproblem unserer Tage« an den amerikanischen Verleger Simon schrieb: »Dieses Problem ist nicht bloß: der Mensch gegen den Menschen, oder die eine Nation gegen die andere Nation. Es ist: der Mensch gegen den Krieg ... Wenn wir erst an den Punkt kommen, wie das eines Tages der Fall sein wird, an dem beide Seiten wissen, daß bei jedem Ausbruch von Feindseligkeiten die Zerstörung beiderseitig und total sein wird, werden wir vielleicht genug Vernunft aufbringen, um in der Erkenntnis an den Konferenztisch zu treten, daß die Ära der Rüstungen zu Ende ist und daß das Menschengeschlecht sein Handeln nach dieser Wahrheit richten oder aber sterben muß.« Der Zeitpunkt, den Eisenhower meinte, ist längst da. Wo bleibt die entschlossene Bemühung, dem Wettrüsten Einhalt zu gebieten?

Der einsichtige Zeitgenosse wird auf keinem Felde Wunder erwarten. Aber er möchte doch Anfänge sehen. Die Entdeckung der Langsamkeit mag den realistischen Sinn für das Mögliche fördern; sie enthebt die Verantwortlichen jedoch keineswegs der Pflicht zum Handeln. In der Tat ist die Politik »ein starkes langsames Bohren von harten Brettern«. Gerade deswegen kommt es darauf an, keine Zeit zu versäumen.

Tabellarische Übersicht über die wichtigsten politischen Daten der Jahre 1973–1983

1973

28. Januar	Abkommen zur Beendigung des Vietnam-Krieges tritt in Kraft. Die Amerikaner beginnen mit dem Abzug ihrer noch in Vietnam verbliebenen 23 000 Soldaten.
13. Februar	Eine Abwertung des Dollars um 10 Prozent beendet vorerst die weltweite Währungskrise. Der neue Dollarkurs beträgt 2,90 DM.
17. Februar	Die Bundesregierung beschließt drastische Steuererhöhungen, wie zum Beispiel eine Erhöhung der Mineralölsteuer um 5 Prozent und die sogenannte Stabilitätsabgabe für Großverdiener.
12. März	Aufwertung der D-Mark um 3 Prozent. Der Wechselkurs gegenüber dem US-Dollar wird freigegeben. Am 29. Juni wird die D-Mark noch einmal um 5,5 Prozent aufgewertet. Der Dollar-Kurs beträgt 2,42 DM.
18. Mai	Der sowjetische Parteichef Breschnjew trifft zu einem Staatsbesuch in der Bundesrepublik ein.
1. Juni	Der im Exil lebende griechische König Konstantin wird von der Militärregierung in Athen abgesetzt. Unter dem vorläufigen Präsidenten

	Papadopoulos wird Griechenland zur Republik erklärt.
7. Juni	Als erster deutscher Regierungschef reist Bundeskanzler Brandt zu einem Staatsbesuch nach Israel.
3. Juli	In Helsinki treten die Außenminister von dreiunddreißig europäischen Staaten sowie der USA und Kanadas zur Konferenz über Sicherheit und Zusammenarbeit in Europa (KSZE) zusammen.
1. August	DDR-Staatsratsvorsitzender Walter Ulbricht stirbt im Alter von 80 Jahren. Nachfolger wird Erich Honecker.
11. September	In Chile stürzt das Militär den marxistischen Präsidenten Allende, der bei dem Umsturz ums Leben kommt. Eine rechtsgerichtete Militärjunta übernimmt die Regierung. Bei den nachfolgenden Unruhen gibt es mehrere hundert Tote und zahlreiche Verhaftungen.
18. September	Die Bundesrepublik Deutschland und die DDR werden von der UN-Vollversammlung als Vollmitglieder in die Vereinten Nationen aufgenommen.
6. Oktober	Am Yom-Kippur-Tag, dem höchsten israelischen Feiertag, greifen syrische und ägyptische Truppen die israelischen Stellungen auf den Golan-Höhen und am Suez-Kanal an. Der Krieg fordert hohe Verluste auf beiden Seiten.
11. November	Israel und Ägypten unterzeichnen an der Straße von Kairo nach Suez ein Sechs-Punkte-Abkommen. Es regelt unter anderem die Versorgung der eingeschlossenen dritten ägyptischen Armee und den Ersatz der israelischen Posten an der Straße Suez-Kairo durch UN-Soldaten.

25. November Wegen der Energiekrise tritt in der Bundesrepublik für vier Sonntage ein Fahrverbot ein. Die Geschwindigkeit auf Autobahnen wird wegen der Energieersparnis auf 100 km/h begrenzt. – In Griechenland wird das Regime des Präsidenten Papadopoulos durch einen Militärputsch gestürzt.

1974

25. Januar Die israelischen Truppen beginnen mit dem Rückzug vom Suez-Kanal.

13. Feburar Nach mehrtägigen Schwerpunktstreiks im öffentlichen Dienst (vor allem Müllmänner und Fahrer der Verkehrsbetriebe) einigen sich die Tarifpartner auf 11 Prozent Lohnerhöhung. – Alexander Solschenizyn wird aus der Sowjetunion ausgewiesen und in die Bundesrepublik abgeschoben.

25. April In einem unblutigen Putsch stürzt die portugiesische »Bewegung der Streitkräfte« die Regierung Caetano. Eine siebenköpfige Junta unter der Führung der Generäle Costa Gomez und Spinola übernimmt die Regierung.

26. April Als Neuregelung des § 218 beschließt der Bundestag die Fristenlösung.

6. Mai Bundeskanzler Brandt tritt zurück. Vorangegangen war eine monatelange öffentliche Kritik an Brandts Partei- und Regierungsführung, den Anstoß zum Rücktritt aber gab die Verhaftung des persönlichen Referenten des Bundeskanzlers, Günter Guillaume, wegen Spionageverdachts. Nachfolger Brandts als Regierungschef wird Finanzminister Helmut Schmidt.

15. Mai	Außenminister Scheel wird zum Nachfolger von Bundespräsident Heinemann gewählt.
19. Mai	Indien zündet in der Wüste von Rajastan seine erste Atomsprengladung.
1. Juli	Argentiniens Staatspräsident Juan Peron stirbt. Nachfolgerin wird seine Witwe. Terrorakte im ganzen Land fordern bis zum Ende des Jahres fast 200 Todesopfer.
15. Juli	Der Staatspräsident von Zypern, Erzbischof Makarios, wird von griechischen Offizieren der Nationalgarde gestürzt. Am 20. Juli interveniert die Türkei mit über 20 000 Mann. Das Athener Militärregime tritt am 23. Juli unter dem Druck der Zypernkrise zurück. Am 13. August bricht die Genfer Zypern-Konferenz zusammen, türkische Truppen besetzen 40 Prozent der Insel. Nach zwei fehlgeschlagenen Waffenstillstandsversuchen wird am 16. August ein Waffenstillstand geschlossen.
8. August	Der amerikanische Präsident Nixon tritt wegen der Watergate-Affäre zurück, um einem Amtsenthebungsverfahren zuvorzukommen. Am 24. Juli hatte Nixon bereits auf Druck einige belastende Tonbänder herausgeben müssen, am 5. August hatte er zugegeben, nicht in allem die Wahrheit gesagt zu haben. Nachfolger Nixons wird Vizepräsident Gerald Ford.
16. August	Kaiser Haile Selassie von Äthiopien wird vom Militär entmachtet und am 12. September abgesetzt.
27. September	Die DDR streicht aus ihrer 1968 verkündeten Verfassung den Begriff »deutsche Nation«.
10. November	In Berlin erschießen Mitglieder der »Rote Armee Fraktion« den Kammergerichtspräsidenten von Drenkmann. Am 9. November war im Gefängnis in Wittlich Holger Meins, der zum

	harten Kern der Baader-Meinhof-Bande gerechnet wurde, an den Folgen eines Hungerstreiks gestorben.
23. November	Die UN-Vollversammlung erkennt den Palästinensern mit 89 gegen 8 Stimmen bei 37 Enthaltungen das Recht auf Selbstbestimmung, nationale Unabhängigkeit und Rückkehr in die Heimat zu.

1975

1. Januar	Die Herabsetzung der Volljährigkeit tritt in Kraft.
13. Februar	Die türkischen Zyprioten erklären den von türkischen Truppen besetzten nördlichen Teil des Landes zum autonomen Bundesstaat. Die Friedensverhandlungen bleiben ergebnislos.
27. Februar	Mitglieder der »Bewegung 2. Juni« entführen den Berliner CDU-Vorsitzenden Peter Lorenz. Sie verlangen die Freilassung von Gesinnungsgenossen. In Begleitung des ehemaligen Berliner Bürgermeisters Albertz werden schließlich fünf gefangene Terroristen nach dem Jemen ausgeflogen. Am 5. März wird Peter Lorenz freigelassen.
25. März	König Feisal von Saudi-Arabien wird von einem seiner Neffen während einer Sitzung des Kabinetts ermordet.
13. April	Dreitägige Straßenschlachten in Beirut fordern rund 300 Tote; Bürgerkrieg bricht aus zwischen Muslims, Drusen, Christen und Palästinensern. Bis zum Jahresende kommen etwa 5000 Menschen ums Leben.
24. April	Sechs Terroristen überfallen die deutsche Bot-

	schaft in Stockholm und sprengen das Gebäude in die Luft, als ihre Forderung nach der Freilassung von Baader, Meinhof und weiteren 24 Häftlingen abgelehnt wird.
21. Mai	Eröffnung des Prozesses gegen Andreas Baader, Gudrun Ensslin und Jan-Carl Raspe in Stuttgart-Stammheim.
4. Juni	Der Suez-Kanal wird nach achtjähriger Sperrung wiedereröffnet.
5. Juni	Großbritannien stimmt in einem Referendum für ein Verbleiben in der EG.
25. Juni	Moçambique wird nach fast 500jähriger portugiesischer Kolonialherrschaft unabhängig. Die Regierungsgewalt liegt in den Händen der Frelimo, die eine Volksrepublik mit sozialistischer Gesellschaftsordnung ausruft.
1. August	Unterzeichnung der Schlußakte von Helsinki zur Beendigung der Konferenz über Sicherheit und Zusammenarbeit in Europa (KSZE). Die teilnehmenden Staaten gestehen ihren Bürgern darin ein Mindestmaß an persönlicher Freiheit und Informationsfreiheit über die Staatsgrenzen hinaus zu.
11. November	Die kommunistische MPLA ruft in Angola nach der Unabhängigkeitserklärung durch Portugal die Volksrepublik Angola aus. Der bereits seit Juli andauernde Bürgerkrieg zwischen MPLA und den von den USA unterstützten Parteien FNLA/Unita hält an.
20. November	Die Ära Franco findet mit dem Tod des Generalissimo Franco in Spanien ein Ende. Am 22. November wird Juan Carlos, Enkel des letzten Königs Alfons XIII., König von Spanien. Der neue Herrscher deutet die Möglichkeit einer langsamen Hinwendung zu mehr Demokratie an.

1. Dezember	US-Präsident Ford trifft zu Gesprächen in Peking ein.

1976

13. Februar	Die kommunistische MPLA erringt mit Hilfe kubanischer Truppen die Macht in Angola.
12. März	Der Bundesrat stimmt den Polenverträgen zu. Polen erhält darin einen Finanzkredit von einer Milliarde DM zugesichert sowie 1,3 Milliarden zur Abgeltung von Rentenansprüchen. Dafür genehmigt Polen die Ausreise von 120 000 Deutschstämmigen in die Bundesrepublik. Ausschlag im Bundesrat, in dem die CDU/CSU über eine Mehrheit von 26 zu 15 Stimmen verfügt, gibt die Stimme des niedersächsischen Ministerpräsidenten Albrecht, der für die Verträge stimmt, nachdem die polnische Regierung die Ausreise von weiteren deutschstämmigen Polen zugesichert hat.
24. März	Ein Militärputsch setzt in Argentinien Frau Peron ab. Eine aus den Oberkommandierenden der drei Waffengattungen bestehenden Junta übernimmt die Regierung.
25. April	Bei freien Wahlen in Portugal erringt Sozialistenführer Soares über 35 Prozent der Stimmen, verfehlt aber die absolute Mehrheit. Ende Juli bildet er eine Minderheitsregierung.
16. Juni	Rassenunruhen in Johannesburgs Farbigen-Vorstadt Soweto. Bis zum 25. Juni kommen dabei 176 Menschen ums Leben.
25. Juni	Eine Erhöhung der Lebensmittelpreise führt zu Unruhen in Polen. Unter Druck muß die polnische Führung die Erhöhung zurücknehmen.

4. Juli	In einer mitternächtlichen Blitzaktion befreit ein israelisches Kommando auf dem ugandischen Flughafen Entebbe die Geiseln, die am 27. Juni von palästinensischen Guerillas entführt worden waren. Die Entführer hatten die Freilassung von 53 in verschiedenen Ländern inhaftierten Gefangenen gefordert.
9. September	Der chinesische Parteivorsitzende Mao Tsetung stirbt im Alter von 82 Jahren. Nachfolger wird Hua Kuo-feng, der bereits seit 7. April Ministerpräsident ist.
3. Oktober	Bei den Bundestagswahlen erringt die sozialliberale Regierungskoalition einen knappen Sieg (SPD 42,6 Prozent, FDP 7,9 Prozent). Stärkste Fraktion wird die CDU/CSU mit 48,6 Prozent der Stimmen.
2. November	Jimmy Carter geht aus den Präsidentschaftswahlen in den USA gegen den amtierenden Präsidenten Ford als knapper Sieger hervor.
15. November	Syrische Truppen unter libanesischem Oberbefehl marschieren in Beirut ein. Bis zum 21. November haben sie fast den ganzen Libanon unter Kontrolle.
19. November	Die CSU beschließt in Wildbad Kreuth, die Fraktionsgemeinschaft mit der CDU nicht mehr zu erneuern. Die CDU droht daraufhin, sich neben der CSU in Bayern zur Wahl zu stellen. Am 12. Dezember erfolgt kurz vor dem endgültigen Bruch doch noch die Einigung.
17. Dezember	Die OPEC-Länder sind sich über die Preissteigerung für Rohöl uneins. Saudi-Arabien und die Emirate erhöhen ihren Preis nur um 5 Prozent, die anderen Länder bestehen auf einer zehnprozentigen Steigerung im Januar 1977 und weiteren 5 Prozent ab Juli 1977.

1977

16. März	In Indien verliert die regierende Kongreßpartei die Parlamentswahlen. Ministerpräsidentin Indira Gandhi muß nach elfjähriger Herrschaft zurücktreten. Neuer Premierminister wird der 81jährige Moraji Desai, dessen Janatapartei 270 von 542 Unterhaussitzen gewinnt.
7. April	In Karlsruhe wird Generalbundesanwalt Buback ermordet. Einer der drei mutmaßlichen Täter, Günter Sonnenberg, wird am 3. Mai festgenommen.
28. April	In Stuttgart-Stammheim werden nach zweijährigem Prozeß Andreas Baader, Gudrun Ensslin und Jan-Carl Raspe zu mehrfacher lebenslanger Haft verurteilt.
15./16. Juni	Bei freien, allgemeinen Wahlen in Spanien geht die Union des Demokratischen Zentrums des Regierungschefs Suarez mit 34 Prozent als die stärkste Partei hervor.
1. Juli	Das reformierte Scheidungsgesetz tritt in Kraft. Das Zerrüttungsprinzip löst das Schuldprinzip ab.
30. Juli	Drei Terroristen erschießen den Vorstandssprecher der Dresdner Bank, Jürgen Ponto, in seinem Haus in Oberursel (Taunus).
3. August	Mit dem Tod des Erzbischofs Makarios endet auf Zypern die Tradition der Personalunion von Kirchen- und Volksführer (Ethnarch).
5. September	In Köln wird der Arbeitgeberpräsident Hanns Martin Schleyer auf offener Straße entführt. Die Kidnapper verlangen die Freilassung von elf inhaftierten Terroristen. Am 13. Oktober wird die Lufthansa-Maschine »Landshut« von Arabern entführt, die mit den Schleyer-Ent-

	führern zusammenarbeiten und deren Forderungen wiederholen. Nach tagelangen Verhandlungen und der Ermordung des Flugkapitäns Schumann durch die Terroristen stürmt eine Spezialeinheit (GSG 9) des Bundesgrenzschutzes das Flugzeug auf dem Flugplatz von Mogadischu in Somalia und befreit die Geiseln. Danach begehen Andreas Baader, Gudrun Ensslin und Jan-Carl Raspe im Gefängnis Stammheim Selbstmord. Am 19. Oktober wird Hanns Martin Schleyer in einem Auto in Mühlhausen im Elsaß ermordet aufgefunden.
19. November	Ägyptens Präsident Sadat besucht Israel und fordert vor der Knesset einen gerechten Frieden für die Völker des Nahen Ostens. Am 5. Dezember trifft Begin mit Sadat am Suez-Kanal zusammen.

1978

1. März	Der US-Dollar fällt unter 2 DM. Seinen tiefsten Stand erreicht er am 31. Oktober mit 1,72 DM (absoluter Tiefstand im Dezember 1979 mit 1,69 DM).
14./19. März	Israelische Truppen marschieren im Libanon ein, am 19. März beschließt der UN-Sicherheitsrat, 1000 Mann im Libanon zu stationieren, und fordert gleichzeitig Israel zum Abzug auf.
4. Mai	Der sowjetische Staats- und Parteichef Breschnjew kommt zu einem Staatsbesuch in die Bundesrepublik.
9. Mai	Der am 16. März entführte Vorsitzende der Christlich Demokratischen Partei Italiens,

	Aldo Moro, wird ermordet aufgefunden. Die italienische Regierung war auf die Forderung der Entführer nach Freilassung von 13 Angehörigen der »Roten Brigaden« nicht eingegangen.
13. Juli	US-Präsident Carter besucht die Bundesrepublik. Stationen seines Staatsbesuchs sind Bonn, Wiesbaden, West-Berlin und Frankfurt.
6. August	Papst Paul VI. stirbt in Rom. Kardinal Albino Luciani von Venedig wird als Johannes Paul I. sein Nachfolger, stirbt aber bereits am 28. September. Mit dem polnischen Kardinal Karol Woytila wird zum erstenmal seit dem 16. Jahrhundert ein Nichtitaliener zum Papst gewählt (Johannes Paul II.). – Rücktritt des baden-württembergischen Ministerpräsidenten Filbinger wegen seiner Vergangenheit als Marinerichter im Zweiten Weltkrieg.
11. August	Nach schweren Unruhen wird im Iran der Ausnahmezustand verhängt. Am 6. November setzt der Schah eine Militärregierung ein.
22. August	In Nicaragua stürmen Gegner des Präsidenten Somoza den Nationalpalast, am 25. August beginnt der Generalstreik, der sich zum Bürgerkrieg ausweitet. Er wird von der Nationalgarde blutig niedergeschlagen.
5. September	In Camp David treffen auf Anregung Präsident Carters der ägyptische Präsident Sadat und der israelische Ministerpräsident Begin zusammen, um eine Rahmenvereinbarung über einen ägyptisch-israelischen Friedensvertrag auszuarbeiten.

1979

7. Januar	Vietnamesische Truppen erobern die kambodschanische Hauptstadt Phnom Penh und beenden dadurch die Herrschaft der Roten Khmer unter Pol Pot. Die neuen Machthaber rufen eine vietnamfreundliche Volksdemokratische Republik Kambodscha aus.
16. Januar	Schah Reza Pahlewi muß den Iran verlassen; am 1. Februar kehrt nach 15jährigem Exil in Frankreich Ajatollah Chomeini nach Teheran zurück und ruft am 1. April die Islamische Republik aus. Eine Hinrichtungswelle, die sich außer gegen politische Gegner und Andersgläubige auch gegen Prostituierte, Ehebrecher, Drogenhändler und Homosexuelle richtet, beginnt und dauert das ganze Jahr über an.
28. Januar	Der stellvertretende Ministerpräsident Deng Xiaoping besucht als erster chinesischer Politiker die USA.
26. März	Nach 30 Jahren Krieg unterzeichnen Israel und Ägypten in Washington einen Friedensvertrag.
28. März	Reaktorunfall in Harrisburg (USA). Der Reaktorkern droht zu schmelzen, radioaktiver Dampf entweicht. Die Umgebung wird evakuiert. Erst nach einer Woche ist die Gefahr gebannt. In vielen Ländern verstärkt dieser Unfall den Widerstand gegen die Atomenergie.
3. Mai	In Großbritannien gewinnen die Konservativen bei Unterhauswahlen die Mehrheit. Zum erstenmal wird eine Frau, Margaret Thatcher, Premierminister.
23. Mai	Karl Carstens (CDU) wird zum neuen Bundespräsidenten gewählt, nachdem der amtierende

	Bundespräsident Walter Scheel auf eine Wiederwahl verzichtet hat.
28. Mai	Griechenland unterzeichnet als zehntes Land die EG-Verträge.
10. Juni	Bei der Wahl zum Europaparlament erweisen sich die Sozialisten und Sozialdemokraten mit 112 Mandaten als stärkste Fraktion, das Gros der Abgeordneten gehört verschiedenen bürgerlichen Parteien an.
2. Juli	CDU und CSU nominieren den bayerischen Ministerpräsidenten und CSU-Vorsitzenden Franz Josef Strauß als Kanzlerkandidat für die Bundestagswahl 1980.
17. Juli	In Nicaragua wird nach monatelangem Bürgerkrieg der Diktator Somoza gestürzt. Die »sandinistische Befreiungsfront« übernimmt die Regierung.
4. November	Iranische »Studenten« besetzen die amerikanische Botschaft in Teheran und nehmen die Botschaftsangehörigen als Geiseln. Am 6. November treten daraufhin Ministerpräsident Bazargan und 14 seiner Minister zurück. Die Regierungsgewalt geht ganz in die Hände des Revolutionsrats unter Ajatollah Chomeini über.
12. November	Rhodesien erhält bis zu Neuwahlen einen britischen Gouverneur. Die interne Regelung der gemischten Regierung aus Schwarz und Weiß unter Bischof Muzorewa, die den Bürgerkrieg beenden sollte, ist damit gescheitert. Am 20. Dezember wird in London der Waffenstillstand unterzeichnet.
27. Dezember	Einmarsch sowjetischer Truppen in Afghanistan. Präsident Amin wird verhaftet und hingerichtet.

1980

6. Januar	Bei den indischen Parlamentswahlen erringt Indira Gandhi eine Zweidrittelmehrheit und kehrt nach fast drei Jahren ins Amt der Ministerpräsidentin zurück.
18. April	Als letzte britische Kolonie in Afrika wird Rhodesien unabhängig. Ministerpräsident des neuen Staates Zimbabwe wird Robert Mugabe, der in den Wahlen vom Februar die absolute Mehrheit erhalten hat.
24. April	Ein Versuch der amerikanischen Armee, die in Iran festgehaltenen Botschaftsangehörigen gewaltsam zu befreien, scheitert. Acht Amerikaner kommen auf dem Rückzug beim Zusammenstoß zweier Hubschrauber in der Wüste von Tabas ums Leben.
4. Mai	Nach langer Krankheit stirbt der jugoslawische Staats- und Parteichef Tito. Bei seiner Beerdigung, an der hohe Regierungsvertreter aus mehr als hundert Ländern teilnehmen, bekräftigt das neue Führungskollektiv Titos politischen Kurs.
6. Mai	Bei der öffentlichen Vereidigung von 1200 Rekruten der Bundeswehr im Bremer Weserstadion kommt es zu Ausschreitungen.
30. Mai	Die Außenminister der EG-Länder einigen sich auf eine Senkung des britischen Haushaltsbeitrags. Für die Bundesrepublik hat diese Entlastung des britischen Partners eine Steigerung der eigenen Beiträge um 2,5 Milliarden DM zur Folge.
12. Juni	Die Staats- und Regierungschefs der EG-Staaten erklären in Venedig, daß sie das Selbstbe-

	stimmungsrecht der Palästinenser anerkennen und ihnen ein Recht auf Teilnahme an den Friedensverhandlungen zugestehen.
2. Juli	Der Bundestag verabschiedet ein Gesetz zur Beschleunigung des Asylantenverfahrens, um den anschwellenden Zustrom von Flüchtlingen aus der Dritten Welt zu bewältigen.
19. Juli	Nur 81 von 146 eingeladenen Mannschaften nehmen an den Olympischen Spielen in Moskau teil. Die Vereinigten Staaten, Japan und die Bundesrepublik gehören zu den Staaten, die die Spiele aus Protest gegen die sowjetische Invasion in Afghanistan boykottieren.
2. August	Ein Sprengstoffanschlag auf den Hauptbahnhof von Bologna fordert 84 Tote und über 200 Verletzte. Die Verantwortlichen werden in rechtsextremistischen Kreisen vermutet.
24. August	Als Reaktion auf die sich ausweitenden Streiks in Polen wird Ministerpräsident Babiuch von Josef Pinkowski abgelöst. Parteichef Gierek wird am 6. September durch Stanislaw Kania ersetzt. – Am 17. September wird der unabhängige Gewerkschafts-Dachverband »Solidarität« gegründet.
22. September	Bombenangriffe auf iranische Flughäfen und Luftwaffenstützpunkte eröffnen den Krieg zwischen Irak und Iran um die Vormachtstellung am Persischen Golf. Am 23. September greifen irakische Soldaten die Hafenstädte Korramshar und Abadan an, wobei große Erdölraffinerien in Brand geschossen werden.
26. September	Ein Bombenanschlag auf dem Münchner Oktoberfest fordert 13 Tote und mehr als 200 Verletzte. Der rechtsextremistischen Kreisen zugeordnete mutmaßliche Bombenleger Gundolf Köhler kommt dabei ums Leben.

5. Oktober	Klarer Sieg der SPD/FDP-Koalition bei den Bundestagswahlen (271 von 497 Sitzen). Die CDU/CSU erreicht mit nur 44,5 Prozent das schlechteste Ergebnis seit 1949. Wesentliche Stimmengewinne erzielt die FDP. (CDU/CSU: 44,5 Prozent, FDP: 10,6 Prozent, SPD: 42,9 Prozent der Stimmen.)
10. Oktober	Die DDR erhöht drastisch die Mindestumtauschsätze für Besucher aus der Bundesrepublik.
4. November	Bei den amerikanischen Präsidentschaftswahlen erringt der Republikaner Ronald Reagan einen deutlichen Sieg über den amtierenden Präsidenten Carter. Zum erstenmal seit 26 Jahren erringen die Republikaner auch im Senat die Mehrheit.
15. November	Papst Johannes Paul trifft zu einem fünftägigen Besuch in der Bundesrepublik ein.

1981

7. Januar	Der Konkurs des Berliner Bauunternehmers Garski führt zum Rücktritt mehrerer Senatoren. Bei der Nachwahl findet keiner der SPD-Kandidaten eine Mehrheit. Daraufhin treten der Regierende Bürgermeister Stobbe und sein Senat zurück. Am 23. Januar wählt das Abgeordnetenhaus Bundesjustizminister Vogel zum Nachfolger.
20. Januar	Als 40. Präsident der Vereinigten Staaten tritt der Republikaner Reagan die Nachfolge des Demokraten Jimmy Carter an. In seiner Antrittsrede ruft er das amerikanische Volk auf, eine »Ära der nationalen Erneuerung« zu be-

ginnen. Kernpunkte von Reagans Wirtschafts- und Steuerprogramm sind einschneidende Kürzungen bei den Staatsausgaben, die Senkung der Steuern und eine drastische Erhöhung der Verteidigungsausgaben. – Nach 444 Tagen läßt der Iran die 52 festgehaltenen US-Botschaftsangehörigen frei.

27. Januar In Madrid wird die zweite Helsinki-Nachfolgekonferenz über Sicherheit und Zusammenarbeit in Europa (KSZE) fortgesetzt.

23. Februar Zweihundert Angehörige der Guardia Civil unter Führung von Oberstleutnant Tejero überfallen den Parlamentspalast in Madrid und halten Regierung und Abgeordnete gefangen. Nachdem der König sich der Treue der Generalität versichert hat, geben die Rebellen auf.

28. Februar In der Wilstermarsch an der Unterelbe protestieren 80 000 Menschen trotz richterlichen Verbots gegen den Bau des Kernkraftwerks Brokdorf.

30. März Präsident Reagan wird beim Verlassen eines Gewerkschaftskongresses in Washington durch Revolverschüsse schwer verletzt.

10. Mai Die vorzeitigen Wahlen zum Berliner Abgeordnetenhaus ergeben keine Mehrheiten. SPD und FDP erreichen nicht genügend Stimmen zur Fortsetzung des im Januar gebildeten Senats Vogel/Brunner. Die CDU verfehlt knapp die absolute Mehrheit. Erstmals zieht die »Alternative Liste« ins Parlament ein. Am 11. Juni wird Richard von Weizsäcker mit Stimmen von FDP-Abgeordneten zum Regierenden Bürgermeister gewählt. Doch lehnt die Landespartei der FDP eine Koalition mit der CDU ab. Von Weizsäcker kann nur eine Minderheitsregierung bilden. – In Frankreich zieht nach 23

Jahren konservativer Regierungen der Sozialist Mitterrand mit Hilfe kommunistischer Stimmen in den Élysée-Palast ein. Nach Auflösung der Nationalversammlung erringen die Sozialisten die absolute Mehrheit im neuen Parlament. Gleichwohl werden auch vier Kommunisten ins Kabinett berufen.

13. Mai — Auf den Papst, der sich kurz nach 17 Uhr zum Petersplatz begibt, um dort gegen »die Utopie eines irdischen Messianismus« zu predigen, feuert der 23jährige Türke Mehmet Ali Agca inmitten von Zehntausenden von Gläubigen plötzlich drei Schüsse ab, die Johannes Paul schwer verletzen.

7. Juni — Die israelische Luftwaffe zerstört überraschend den irakischen Atomreaktor »Osirak« bei Bagdad.

22. Juni — Nach anderthalbjährigem Machtkampf mit der Islamisch-Republikanischen Partei wird Bani-Sadr, der erste Staatspräsident des Iran nach der Revolution vom Februar 1979, von Religionsführer Chomeini abgesetzt. Eine weitere Hinrichtungswelle folgt.

20. Juli — Die Regierungschefs der sieben führenden westlichen Industriestaaten beraten in Ottawa über die weltweite Wirtschaftsrezession.

8. August — Präsident Reagan ordnet die Serienherstellung der Neutronenwaffe an.

4. September — In Danzig beginnt der Kongreß der Gewerkschaft »Solidarität«. Er verlangt ein uneingeschränktes Streikrecht, freie Wahlen, Zugang zu den Massenmedien sowie Autonomie der Betriebe und echte Arbeiterselbstverwaltung, auch zur Überwindung der Versorgungskrise. Am 25. September beschließt das polnische Parlament ein Gesetz über die Arbeiterselbst-

verwaltung, in dem der Gewerkschaft Zugeständnisse gemacht werden. Nach weiteren Streiks der Gewerkschaft und Warnungen aus Moskau muß Parteichef Kania am 18. Oktober zurücktreten. Nachfolger wird General Jaruzelski, der Ministerpräsident. Er fordert eine »Front der nationalen Einheit«, kann aber weitere Streiks nicht verhindern.

22. September Schwere Auseinandersetzungen zwischen Demonstranten und der Polizei in Berlin nach der Räumung von acht besetzten Häusern.

6. Oktober Der ägyptische Staatspräsident Sadat wird während einer Militärparade in Kairo von vier Soldaten, die sich als radikale Muslims bekennen, ermordet. Nachfolger ist Vizepräsident Mubarak.

10. Oktober Gegen die Stationierung von Mittelstreckenwaffen in Europa demonstrieren 300 000 Personen in Bonn.

18. Oktober Unter Führung von Andreas Papandreou erlangt die Panhellenistische Sozialistische Bewegung (PASOK) bei den griechischen Parlamentswahlen die absolute Mehrheit.

15. November Am Frankfurter Flughafen kommt es zu heftigen Auseinandersetzungen zwischen Gegnern einer dritten Startbahn und der Polizei.

22. November Der sowjetische Staats- und Parteichef Breschnjew trifft zu Gesprächen mit Bundeskanzler Schmidt in Bonn ein.

11. Dezember Bundeskanzler Schmidt reist zu einem dreitägigen Besuch bei Staats- und Parteichef Honecker in die DDR.

13. Dezember Der polnische Staats- und Parteichef General Jaruzelski erklärt den Ausnahmezustand, die Übertragung der Regierungsverantwortung auf einen »Rat der Streitkräfte für die natio-

	nale Errettung« und die Auflösung der Gewerkschaft »Solidarität«. Führende Mitglieder der »Solidarität« werden verhaftet.
14. Dezember	Israelisches Kabinett und Parlament beschließen die Annexion der Golan-Höhen.

1982

20. Januar	Der hessische Staatsgerichtshof lehnt den Antrag der Startbahngegner auf ein Volksbegehren ab. Nach Beginn der Rodungsarbeiten am Frankfurter Flughafen kommt es zu schweren Auseinandersetzungen auf dem Baugelände.
13. Februar	Im Vorstand der gemeinnützigen Wohnungsbaugesellschaft »Neue Heimat« werden Fälle entdeckt, die nach persönlicher Bereicherung aussehen. Der Vorsitzende, Albert Vietor, und zwei andere Mitglieder des Vorstands werden entlassen, drei weitere vorläufig beurlaubt.
2. April	Argentinische Streitkräfte besetzen die britischen Falklandinseln. London entsendet eine Flotte in den Südatlantik.
25. April	Nach fast fünfzehnjähriger israelischer Besetzung wird der Sinai wieder ägyptisches Territorium.
1. Mai	Die britische Luftwaffe beginnt mit Angriffen auf die Hauptstadt Port Stanley den Krieg zur Rückeroberung der Falklandinseln. In den Tagen danach kommt es zu schweren Seegefechten. Am 15. Juni kapituliert der argentinische Befehlshaber auf den Falklandinseln, nachdem es britischen Truppen gelungen war, unmittelbar an das Hauptquartier der Argentinier vorzudringen.

6. Juni	Die israelische Regierung nimmt einen Mordanschlag auf den israelischen Botschafter in London zum Anlaß, in den Libanon einzurükken. Mitte Juni schließen die Israelis Westbeirut, darunter 6000 PLO-Kämpfer ein. Bis zum 1. September haben 11 000 palästinensische Kämpfer den Libanon unter Aufsicht einer multinationalen Friedenstruppe verlassen und Aufnahme in mehreren arabischen Staaten gefunden.
12. Juni	Gegen die Rüstungspolitik in West und Ost und für ein Einfrieren (»freeze«) der amerikanischen Atomwaffen auf dem derzeitigen Stand demonstrieren über eine halbe Million Menschen in New York.
29. Juni	Die USA und die Sowjetunion nehmen in Genf Verhandlungen über den Abbau der strategischen Fernwaffen auf (»Start«). Ebenfalls in Genf wird über die nuklearen Mittelstreckenraketen verhandelt.
9. August	Der Elektrokonzern AEG-Telefunken beantragt das Vergleichsverfahren, welches am 1. November eröffnet wird.
14. September	Bei einem Sprengstoffanschlag wird der soeben gewählte libanesische Präsident und Führer der christlichen Phalange, Beschir Dschemeijil, zusammen mit zahlreichen Mitarbeitern unter den Trümmern des Parteigebäudes in Beirut begraben. Daraufhin rückt die israelische Armee in Westbeirut ein, »um Chaos zu verhindern«. Wenige Tage später massakrieren christliche Milizen Zivilisten in den Beiruter Palästinenser-Lagern Sabra und Schatila. Nach Angaben der libanesischen Behörden werden 328 Leichen gefunden, 991 Personen werden vermißt.

17. September	Nach dreizehn Jahren zerbricht in Bonn die Regierungskoalition aus SPD und FDP.
1. Oktober	Konstruktives Mißtrauensvotum im Deutschen Bundestag: Helmut Schmidt (SPD) wird als Kanzler gestürzt, Helmut Kohl (CDU) zu seinem Nachfolger gewählt.
8. Oktober	Die polnische Gewerkschaft »Solidarität« wird durch Gesetz verboten. An ihrer Stelle versucht die Regierung regimetreue Gewerkschaften aufzubauen. Die Arbeiter der Danziger Werften reagieren mit Streiks, es kommt zu Zusammenstößen zwischen Demonstranten und der Miliz.
28. Oktober	Bei den spanischen Parlamentswahlen erringt die »Sozialistische Arbeiterpartei« unter Felipe Gonzalez die absolute Mehrheit.
10. November	Der sowjetische Staatspräsident und Parteichef Leonid Breschnjew stirbt im Alter von 75 Jahren. Zum neuen Generalsekretär wählt das Zentralkomitee der Partei Jurij Andropow, den langjährigen Leiter des Geheimdienstes KGB.
17. November	Christian Klar, vermutlich der Kopf der terroristischen »Rote Armee Fraktion«, wird verhaftet.
1. November	Die Zahl der Arbeitslosen in der Bundesrepublik ist zum erstenmal seit 1950 auf mehr als zwei Millionen gestiegen (8 Prozent der Beschäftigten).
8. Dezember	Die Bundesregierung und das Saarland gewähren der vom Konkurs bedrohten Arbed-Saarstahl-GmbH in Völklingen weitere Kredite in Höhe von 310 Millionen DM.

1983

6. März	Vorzeitig wird ein neuer Bundestag gewählt. Dabei wird die im Herbst nach einem konstruktiven Mißtrauensvotum gegen Bundeskanzler Schmidt von dem CDU-Vorsitzenden Kohl gebildete Regierung nachdrücklich bestätigt. Die Unionsparteien verfehlen mit 48,8 Prozent knapp die absolute Mehrheit; die SPD fällt mit 38,2 Prozent erstmals seit 1965 wieder unter 40 Prozent; die FDP erhält 7 Prozent; die Grünen kommen mit 5,6 Prozent erstmals in den Bundestag.
13. April	Das Bundesverfassungsgericht erläßt eine einstweilige Anordnung, welche die für den 29. April geplante, vom Gesetzgeber in den Einzelheiten geregelte Volkszählung aussetzt. Am 15. Dezember verkündet das Bundesverfassungsgericht das Urteil über das Volkszählungsgesetz. Danach sind einzelne Vorschriften des Gesetzes verfassungswidrig.
18. April	Bei einem Anschlag auf die amerikanische Botschaft in Beirut kommen fast siebzig Menschen ums Leben. Als Urheber des Attentats bekennt sich eine radikale islamische Organisation mit dem Namen »al Dschihad« (Heiliger Krieg).
27. April	Die katholischen Bischöfe in der Bundesrepublik veröffentlichen ihr »Wort zum Frieden«. Sie verurteilen jeglichen Krieg zur Durchsetzung politischer Ziele. Erstmals nennen sie in ihrem Schreiben Kriterien, nach denen nukleare Abschreckung »noch toleriert« werden könne.
6. Mai	Die vom »Stern« vorgelegten angeblichen Hitler-Tagebücher entpuppen sich als gefälscht.

17. Mai	Israel und der Libanon einigen sich auf ein Abkommen, das den Abzug der israelischen Armee vorsieht unter der Voraussetzung, daß auch Syrien seine Truppen abzieht. Die Syrer und die von ihnen unterstützten Oppositionsgruppen im Libanon, allen voran die Drusen Walid Dschumblats, lehnen das Abkommen ab. Die Kämpfe zwischen den Bürgerkriegsparteien gehen weiter. Im September ziehen sich die israelischen Truppen auf eine Linie südlich des Awali-Flusses zurück.
Ende Juni	Die DDR erhält die verbindliche Zusage eines westdeutschen Bankenkredits von einer Milliarde DM, für den die Bundesregierung die Bürgschaft übernimmt. Der bayerische Ministerpräsident Strauß hat einen wesentlichen Anteil am Zustandekommen dieser Transaktion.
6. August	Nach verschiedenen landesweiten Protesttagen schließen sich in Chile die fünf größten Oppositionsparteien gegen die Anordnungen der Militärregierung zur Demokratischen Allianz zusammen und fordern den Rücktritt Staatspräsident Pinochets zugunsten einer Übergangsregierung bis zur Abhaltung von freien Wahlen. Es kommt zu einer Welle von Protestdemonstrationen.
1. September	Auf Initiative des »Komitees für Grundrechte und Demokratie« versammeln sich in Mutlangen am 40. Jahrestag des deutschen Überfalls auf Polen einige tausend Menschen, darunter eine Reihe von Prominenten, um die Zufahrten des amerikanischen Militärlagers zu »blockieren«. Die Demonstranten befürchten hier die Aufstellung amerikanischer Mittelstreckenraketen. In den folgenden Wochen finden an ver-

schiedenen Orten Blockaden und andere Bekundungen »zivilen Ungehorsams« statt. – Ein südkoreanischer Jumbo-Jet mit 269 Personen an Bord, der in der Nacht zum 1. September auf dem Flug von Alaska nach Seoul vom Kurs abgekommen ist und über Kamtschatka und Sachalin sowjetischen Luftraum verletzt, wird von einem sowjetischen Jagdflieger abgeschossen.

15. September — Der israelische Ministerpräsident Begin tritt nach sechs Jahren von seinem Amt zurück. Sein Nachfolger wird der bisherige Außenminister Schamir.

14. Oktober — Beginn der Aktionswoche der »Friedensbewegung« gegen neue Atomwaffen, insbesondere gegen die Stationierung amerikanischer Mittelstreckenwaffen. Am 22. Oktober nehmen fast eine Million Menschen an Kundgebungen in Bonn und Hamburg sowie an einer geschlossenen Menschenkette zwischen Stuttgart und Neu-Ulm teil.

19. Oktober — Nach längeren Machtkämpfen innerhalb der Einheitspartei »Neue Jewel-Bewegung« wird der Premierminister von Grenada, Bishop, von Regierungstruppen ermordet. Die Macht auf der Insel übernimmt ein stärker links orientierter Militärrat. Am 25. Oktober intervenieren Truppen der Vereinigten Staaten und mehrerer karibischer Staaten auf Grenada.

23. Oktober — Anschläge von Selbstmordkommandos auf die Quartiere der amerikanischen und französischen Friedenstruppen in Beirut fordern rund 300 Tote.

30. Oktober — Bei den argentinischen Präsidentschaftswahlen gewinnt der Kandidat der Radikalen Partei, Raul Alfonsin, und erringt eine Mehrheit in

	beiden Kammern des Parlaments. Zweitstärkste politische Kraft werden die Peronisten.
23. November	Die Sowjets ziehen aus den Genfer Verhandlungen über Mittelstreckenraketen (INP) aus.
6. Dezember	Die Staats- und Regierungschefs der Europäischen Gemeinschaft trennen sich nach zweitägigen Beratungen, ohne sich in irgendeiner Frage geeinigt zu haben.
8. Dezember	Die Sowjets brechen auch die Genfer Verhandlungen über eine Verringerung der strategischen Waffen (START) ab.
19. Dezember	PLO-Chef Arafat und etwa 4000 seiner Anhänger verlassen die nordlibanesische Hafenstadt Tripoli auf fünf griechischen Passagierschiffen. Die syrische Unterstützung der Gegner Arafats in seinen eigenen Reihen hatte zu seinem zweiten Abzug aus dem Libanon innerhalb von sechzehn Monaten geführt.

Quellenhinweise

Die Suche nach der Mitte erschien erstmals unter dem Titel »Die Suche nach der Mitte. Drei Lehren aus dem Jahre 1973« am 28. 12. 1973 in der Wochenzeitung »Die Zeit«.

Von der Schwierigkeit zu helfen erschien erstmals unter dem Titel »Weihnachten in einer Welt des Hungers. Von der Schwierigkeit zu helfen« am 27. 12. 1974 in der Wochenzeitung »Die Zeit«.

Wir hoffen nur vage, doch wir fürchten präzise erschien erstmals unter dem Titel »Wir hoffen nur vage, doch wir fürchten präzise. Falsche Prophetien zum Jahreswechsel: Krieg, Ende der Marktwirtschaft, Unregierbarkeit der Demokratien« am 2. 1. 1976 in der Wochenzeitung »Die Zeit«.

Die Zukunft hat wieder Zukunft erschien erstmals unter dem Titel »Die Zukunft hat wieder Zukunft. Mehr Optimismus kennzeichnet die neuen Prognosen« am 31. 12. 1976 in der Wochenzeitung »Die Zeit«.

Der Staat ist keine Mode-Boutique erschien erstmals unter dem Titel »Der Staat ist keine Mode-Boutique. Einsichten zwischen den Jahren: wider die sterile Aufgeregtheit der Parteipolitik« am 30. 12. 1977 in der Wochenzeitung »Die Zeit«.

Blick zurück in die Zukunft erschien erstmals unter dem Titel »Blick zurück in die Zukunft. Kulturkrise und Zeitwende – eine Neujahrsbetrachtung« am 28. 12. 1978 in der Wochenzeitung »Die Zeit«.

Die achtziger Jahre: Visionen und Revisionen erschien erstmals unter dem Titel »Die achtziger Jahre. Visionen und Revisionen. Rückblick und Ausblick in schwieriger Zeit – Zwischen Kulturpessimismus und Fortschritts-Überschwang« am 28. 12. 1979 in der Wochenzeitung »Die Zeit«.

Weltpolitik 1980: Wetterumschwung oder Klimasturz? erschien erstmals unter dem Titel »Weltpolitik 1980: Wetterumschwung oder Klimasturz? Vor uns liegt ein gefährliches Jahr« am 2. 1. 1981 in der Wochenzeitung »Die Zeit«.

West-West-Konflikt vor der Ost-West-Krise? erschien erstmals unter dem Titel »West-West-Konflikt vor der Ost-West-Krise? Polen und die Entspannung« am 1. 1. 1982 in der Wochenzeitung »Die Zeit«.

Das Ende aller Üppigkeit erschien erstmals unter dem Titel »Das Ende aller Üppigkeit. Ausblick am Jahreswechsel: Haushalten tut not« am 31. 12. 1982 in der Wochenzeitung »Die Zeit«.

Die Entdeckung der Langsamkeit erschien erstmals unter dem Titel »Die Entdeckung der Langsamkeit. Einsichten und Ausblicke beim Jahreswechsel« am 30. 12. 1983 in der Wochenzeitung »Die Zeit«.

Personenregister

DVA-Paperbacks

Eberhard Jäckel
Hitlers Weltanschauung
Entwurf einer Herrschaft
Erweiterte und überarbeitete Neuausgabe
176 Seiten. ISBN 3 421 06083 5

». . . eine Studie, die zu den seltenen Büchern zählt, in denen ein grundlegend vorurteilsfreier Beitrag zum Thema ›Hitler und die Deutschen‹ geleistet wird.«
Die Zeit

Manès Sperber
Ein politisches Leben
Gespräche mit Leonhard Reinisch
119 Seiten. ISBN 3 421 06194 7

»Einmal mehr weisen diese Gespräche Sperber als skeptischen, aber niemals wehleidigen Geist aus . . . Ein Buch voller Spannung und Anregung.«
General-Anzeiger, Bonn

Erich Fromm
Über die Liebe zum Leben
Rundfunksendungen
Herausgegeben von Hans Jürgen Schultz
184 Seiten. ISBN 3 421 06169 6

»Wer Fromm einmal sprechen gehört hat, weiß, welche Lebendigkeit von seinen Worten ausging, wie einfach und dennoch präzise er die grundlegenden Probleme des heutigen Menschen und der heutigen Menschheit darstellen kann.«
ORF, Wien

DVA